AF346740

LES

ARTISANS CÉLÈBRES

—

1re ET 2e SÉRIE IN-12

Parmentier présente à Louis XVI un bouquet de fleurs
de pommes de terre.

LES
ARTISANS CÉLÈBRES

PAR

F. VALENTIN

Auteur des Peintres célèbres, de l'Histoire de Venise etc.

———

DIX-HUITIÈME ÉDITION

REVUE ET AUGMENTÉE

TOURS

ALFRED MAME ET FILS, ÉDITEURS

—

M DCCC LXXXVIII

INTRODUCTION

Le travail est la condition de l'existence humaine, c'est l'âme de toute société; c'est par lui seul que l'homme peut utiliser les immenses ressources que Dieu a mises à sa disposition.

Il faut distinguer deux sortes de travail : celui de l'intelligence, auquel se rattachent les arts libéraux ou beaux-arts, et celui des mains, qui est la base des arts mécaniques ou métiers. Sous ce dernier nom on comprend généralement les arts qui sont le plus directement indispensables à l'entretien de la vie de l'homme et à la satisfaction de ses besoins matériels.

Certes, ces métiers qui contribuent si puissamment au bonheur de la vie sociale ne sont pas moins utiles que les arts libéraux; cependant, par le plus étrange renversement d'idées, ces derniers sont trop souvent l'objet d'une estime et d'une admiration sans bornes, je dirais presque d'un culte, tandis que l'on accorde trop peu d'intérêt à l'artisan modeste dont le travail satisfait les désirs de tous les instants. Loin de mépriser les arts mécaniques, on ne saurait trop, au contraire, les multiplier et les encourager; car ils sont, d'une part, un besoin d'ordre naturel et d'ordre social; de l'autre, un instrument actif de civilisation, en ce sens qu'ils alimentent l'industrie, et que l'industrie, suivant la juste appréciation des économistes de tous les temps et de tous les pays, est la première richesse d'une nation. C'est l'opinion de Bacon; c'était aussi celle de Colbert, ministre honnête homme, qui consacra tous ses efforts à favoriser l'agriculture et à développer l'industrie. C'était encore le sentiment d'un écrivain célèbre du siècle dernier, qui s'écriait : « Celui qui surprit aux Anglais les machines à faire les bas, les velours aux Génois, les glaces aux Vénitiens, ne fit guère moins pour l'État que ceux qui battaient ses ennemis et leur enlevaient leurs places fortes. »

L'étude des premiers pas de l'industrie pourrait fournir matière à des recherches historiques du plus haut intérêt ; mais elles n'entrent point dans notre cadre. C'est au philosophe, c'est à l'historien qui veulent se rendre compte de la vie réelle des peuples, qu'il appartient de rechercher comment le progrès des arts mécaniques a constamment suivi la marche ascendante de la civilisation et des lumières ; comment ces arts eux-mêmes ont puissamment secondé ce grand mouvement ; comment enfin les croisades et la découverte du nouveau monde ont contribué à l'immense développement qu'ils ont pris à partir de cette époque qu'on appelle *Renaissance*. Nous ne pouvons ni remonter si haut, ni fouiller si avant. Ce que nous nous proposons, c'est de saluer d'un souvenir la mémoire de ces hommes utiles à leurs semblables qui ont aimé l'industrie, et qui ont consacré leur existence à hâter son avancement.

Qu'on interroge l'histoire à l'égard de ces bienfaiteurs de l'humanité, on la trouvera presque toujours muette ; tandis qu'elle se complaît à citer avec emphase les noms de prétendus grands hommes qui n'ont été trop souvent que les fléaux des nations et les destructeurs de la prospérité publique. Trop exclusivement préoccupés des révolutions politiques qui ont élevé ou renversé les trônes, ou de l'histoire des conquérants qui ont remporté de célèbres victoires, les anciens écrivains ont presque toujours négligé de citer les hommes qui, placés moins en évidence, causaient par leurs découvertes des révolutions dans les mœurs, ou qui faisaient de paisibles conquêtes sur l'ignorance et les préjugés.

S'il nous est impossible de réparer cet oubli déplorable, nous voulons du moins

offrir pour modèles aux ouvriers de nos
fabriques et de nos manufactures ces artisans qui, sans autre secours que le travail,
l'ordre et la persévérance, ont concouru
par leurs inventions et leur talent au perfectionnement des arts mécaniques; nous
voulons proposer à leur admiration et à leur
émulation ces hommes qui, sortis des degrés les plus inférieurs, ont atteint le sommet de l'échelle sociale, après s'être enri-
chis par leurs talents, leur courage et leurs
vertus. Ces exemples, nous le pensons, ré-
futeront victorieusement l'erreur qui s'obs-
tinerait à ne voir dans les opérations des
métiers qu'une routine servie par des mains
plus ou moins adroites, et dans l'exercice
de laquelle le savoir et l'intelligence ne
jouent qu'un faible rôle; ils montreront
que la Providence a départi ses dons à
tous les hommes dans la même proportion,
et qu'étant tous égaux devant Dieu, ils se
doivent mutuellement, et sans considération des distinctions sociales, un amour
fraternel; c'est la maxime de la charité

chrétienne : *Aimez-vous les uns les au-tres;* morale sublime, qui, si elle était exactement suivie, assurerait aux hommes la plus grande somme de bonheur dont ils puissent jouir sur la terre.

Outre le désir que nous avons de venger les bienfaiteurs de l'humanité de l'ingrati-tude de leurs contemporains, nous avons encore un but. En mettant sous les yeux de la jeunesse l'exemple de Jacquart, un des hommes que la classe ouvrière peut citer avec le plus d'orgueil; de Richard, le créa-teur de l'industrie cotonnière en France, enfant de ses propres œuvres, qui, pendant plus de trente ans, fit vivre la population d'un des plus vastes faubourgs de la ca-pitale; en offrant ces exemples, disons-nous, nous voudrions pouvoir faire com-prendre aux pères de famille privés des avantages de la fortune, que les professions industrielles peuvent offrir à leurs enfants les moyens de développer toutes les facul-tés que Dieu leur a accordées. Sans sortir de la sphère où ils sont nés, ils peuvent devenir des hommes distingués, des citoyens utiles à la patrie; ils peuvent même parvenir à la fortune et aux distinctions sociales. Au contraire, cette instruction factice et banale qu'ils vont chercher dans un vain désir de vanité n'en fait que trop souvent des hommes inutiles et malheureux, dévorés par le sentiment de leur impuissance, trop ignorants pour conquérir, à force de talents, une place dans les hauts rangs de la société, trop orgueilleux du peu qu'ils savent pour se résigner à la position modeste où la Providence les avait placés.

Combien de demi-savants ont consumé leurs plus belles années dans des études dispendieuses et interminables, qui n'ont eu pour eux d'autre résultat que de les rendre incapables d'un travail réel et fructueux! Il ne leur reste d'autre ressource que de mendier de minces emplois qui ne suffisent pas aux besoins qu'ils se sont créés. Si quelques-uns, en bien petit nombre, sortent de la foule, grâce à un talent remarquable ou à d'heureuses circonstances, la grande majorité reste dans la détresse, maudissant une organisation sociale qu'elle accuse à tort de son malheur; tandis que l'artisan, s'il est fidèle à ses devoirs, actif et économe, est assuré de trouver au moins un modeste bien-être pour récompense de son travail.

Et que des esprits chagrins, toujours disposés à entretenir les vieilles défiances entre les maîtres et les ouvriers, ne viennent pas nous dire qu'il est impossible à l'artisan de sortir de l'humble condition où la fortune l'a fait naître; qu'ils cessent de lui répéter, en donnant un certain air de science à des déclamations dont il est si facile d'apprécier le but ambitieux, que la production dans le travail n'est que *l'exploitation de l'homme par l'homme,* et que l'ouvrier n'a en réalité d'autre liberté que celle de mourir de faim, heureux encore si l'invention de quelque machine nouvelle ne vient pas lui ravir ce triste privilège.

Sans prétendre nier l'existence de souffrances individuelles qui sont inséparables de tout état social, on doit reconnaître combien les conditions d'existence s'améliorent pour les classes laborieuses. Chaque jour quelque institution nouvelle se crée pour éloigner d'elles le malheur sous toutes ses formes. L'enfant du pauvre est recueilli dès son plus bas âge dans les asiles où l'on prend les soins les plus minutieux de son bien-être matériel, en même temps que l'on cherche à imprimer dans son jeune esprit des notions utiles et précieuses; plus tard des écoles gratuites de tous les degrés lui sont ouvertes de toutes parts, et il y peut puiser non seulement les éléments indispensables à l'éducation la moins avancée, mais il peut y recueillir une instruction véritable et solide; on lui explique la géométrie, la physique, la mécanique et leurs applications; tout ce que les sciences présentent d'utile et de fécond est démontré à la jeunesse studieuse par des maîtres expérimentés; le travailleur peut acquérir des notions justes et étendues sur tous les arts de précision, et même sur les arts de goût. De tous côtés des chaires se dressent pour lui faire entendre des paroles de science et de morale. Heureux l'enfant dont les parents savent discerner parmi tous ces maîtres qui appellent à eux la jeunesse, ceux qui répandent dans le cœur de leurs élèves la meilleure semence, ceux qui font reposer tout leur enseignement sur la science des sciences, sur celle qui nous vient de Dieu!

L'enfant est-il devenu homme, l'apprenti est-il devenu ouvrier, aucune entrave ne vient gêner le développement de ses facultés; il ne se trouve plus, comme autrefois, resserré dans le cercle de fer de ces corporations jalouses qui soumettaient à des règles étroites l'exercice de chaque profession; on a détruit les jurandes, les maîtrises, qui avaient bien l'avantage de prévenir de nombreux naufrages, mais que les esprits ardents regardaient comme de lourdes chaînes qui arrêtaient leur essor. Le travailleur a-t-il pu faire quelques éco-

nomies, des établissements sont ouverts
pour les lui rendre augmentées des intérêts, quand viendront les jours de maladie
et de chômage. A-t-il, au contraire, besoin
d'un capital, il trouvera de tous côtés des
bourses ouvertes, pourvu qu'il offre des
garanties de conduite et de moralité.

Quant à l'inquiétude mal fondée que peut
causer à l'ouvrier l'introduction des machines dans la plupart de nos ateliers, il
n'y a que la mauvaise foi qui puisse l'exploiter, comme il n'y a que l'ignorant ou
le paresseux qui puisse l'éprouver. Chacun
sait aujourd'hui, et l'expérience l'a cent
fois prouvé, que ces nouveaux procédés,
en diminuant le prix de fabrication, ont
pour résultat d'activer la circulation du
numéraire, et d'augmenter la consommation à tel point que le nombre des ouvriers
dans chaque industrie s'augmente en même
temps que les machines y sont substituées
au travail manuel. On aurait repoussé l'invention de l'imprimerie, si l'on avait craint
de nuire aux scribes; et cependant l'im-

primerie a immédiatement occupé plus de bras que la copie des manuscrits. Depuis l'invention des machines à filer le coton, cette industrie occupe trente fois plus d'ouvriers qu'auparavant. Reconnaissons donc que l'invention d'une machine nouvelle peut déplacer quelques existences et causer quelques perturbations momentanées, mais qu'en définitive elle tourne toujours à l'avantage de la masse.

La position des travailleurs est plus satisfaisante aujourd'hui qu'elle ne l'a été dans aucun temps; l'artisan peut être tranquille sur son avenir, pourvu qu'il veuille l'assurer par une vie laborieuse, par un travail assidu. Qu'il soit donc calme, appliqué, honnête; qu'il soit surtout fidèle à notre sainte religion, qui, suivant la parole du Sage, est bonne *à tout*. Si une conduite honorable lui garantit l'estime des hommes, la piété seule peut lui obtenir les grâces de son Créateur. Dans la pratique constante des devoirs du chrétien il trouvera une ineffable consolation pour les

jours de souffrance , la grâce de la persévérance dans ses moments de dégoûts;
enfin la religion peut seule couronner par
un bonheur éternel une existence qu'elle
aura rendue calme et irréprochable en ce
monde.

ARTISANS CÉLÈBRES

CHAPITRE I

AGRICULTURE

Olivier de Serres. — Jean Althen. — Parmentier.

La même obscurité qui enveloppe la naissance de presque tous les arts les plus usuels
cache aussi le berceau de l'agriculture. Tout ce
qu'on a dit touchant la patrie de ce premier des
arts ne doit donc être regardé que comme de
vagues hypothèses, de simples conjectures.
C'est seulement à partir du XVIe siècle, époque
à laquelle l'industrie se ressentit de l'impulsion générale que reçut l'intelligence humaine

de l'invention de l'imprimerie, qu'on peut suivre et constater la marche du progrès agricole. Alors parurent à des intervalles assez rapprochés, en Italie, en Espagne, en Allemagne et en Angleterre, les ouvrages de plusieurs agronomes qui répandirent d'utiles doctrines, et détruisirent en partie les vieux préjugés du moyen âge. En France, Sully doit conserver l'immortel honneur d'avoir le premier érigé en maxime gouvernementale la nécessité d'encourager l'agriculture. « Labourage et pâturage, disait ce grand ministre, sont les deux mamelles de l'État. » Pendant son administration, Olivier de Serres publia son *Théâtre d'agriculture,* livre qui lui a valu le titre de père de l'agriculture française.

A partir du XVIIIe siècle, le progrès agricole fut général dans les différentes contrées de l'Europe, et continua jusqu'à nos jours, tantôt avec rapidité, tantôt avec lenteur. Nous nous bornerons à le suivre en France et en Angleterre. Cette dernière contrée est la terre classique de l'agriculture; elle porte dans ses entreprises agricoles la même puissance, la même perfection de moyens que dans ses manufactures. Parmi les hommes à qui elle est redevable de cette supériorité, il faut citer, par ordre de dates, le réfugié polonais Hartlib, qui paya l'hospitalité qu'il reçut dans ce pays en révélant à ses hôtes la culture soigneuse des Belges; Jethro, Tull, qui le premier recommanda la culture en lignes; Bakewel, qui façonnait, pour ainsi dire, à son gré les diverses races d'animaux; Arthur Young, le plus connu parmi nos agronomes, et dont les observations sur nos méthodes agricoles ont déjà opéré parmi nous de nombreuses et utiles réformes; sir John Sinclaire, auteur de l'estimable *Code de l'agriculture;* enfin M. Loudon, qui a récemment publié une *Encyclopédie sur l'agriculture.*

Le règne de Louis XIV fut peu favorable au développement de l'agriculture en France; ce prince porta toute son attention sur le commerce et l'industrie, les arts et la guerre. Cependant Colbert, qui sentait profondément que le travail est la force des États, favorisa l'agriculture autant qu'il lui fut possible, surtout par des réductions d'impôts; les routes et les canaux qu'il fit construire multiplièrent les relations, et servirent autant des intérêts des laboureurs que ceux des artisans. Sous la régence et pendant le règne de Louis XV, le système de l'habile et audacieux Law et la fièvre de l'agiotage, qui s'empara de tous les esprits, accablèrent l'agriculture. Cette époque de désordre

moral et politique vit paraître, sans lui prêter
la moindre attention, le Persan Jean Althen,
qui, par l'introduction de la garance en France,
sa patrie d'adoption, affranchit du besoin tout
le midi du royaume, en apprenant aux paysans
à rendre productifs les champs les plus stériles.
L'agriculture ne se releva parmi nous que
lorsque la France vit à la tête de ses affaires
Turgot, de qui Louis XVI disait : « Il n'y a
que Turgot et moi qui aimions le peuple en
France. » Ce ministre courageux osa s'attaquer
aux corvées et aux corporations, institutions
nées de la féodalité, et l'édit de 1776, rédigé
par lui pour leur abolition, est un des monuments les plus remarquables de courage, de
raison et de grandeur qui puissent être cités;
s'il ne réussit pas dans sa généreuse entreprise
pour l'affranchissement de l'industrie, il fut
plus heureux sur un autre point, et parvint à
faire supprimer la corvée. Dès lors de **nombreuses** sociétés d'agriculture se formèrent, et
s'occupèrent des moyens de perfectionner la
théorie et les instruments. Grâce aux écrits du
savant et laborieux Duhamel du Monceau, du
modeste et malheureux abbé Rosier, du patient
et infatigable Parmentier, le premier des arts
entra dans cette voie de progression qu'il **n'a**
plus quittée depuis. Le mouvement révolu-

tionnaire de 1789 vint encore ajouter à l'impulsion déjà donnée : la destruction des dernières lois féodales, la suppression des dîmes, l'égal partage des patrimoines entre les enfants, et le morcellement des propriétés qui en fut la suite, contribuèrent puissamment aux progrès des arts agricoles[1].

Les guerres continuelles de la république et de l'empire, en décimant sur les champs de bataille la population des campagnes, arrêtèrent quelque temps en France l'essor qu'avais pris l'agriculture. Toutefois Napoléon, dont le génie recherchait avec ardeur tout ce qui pouvait accroître les richesses et les ressources du pays, prescrivit d'habiles mesures, et l'on ne peut oublier qu'on lui doit la culture de la betterave en grand. Ce fut en 1809 qu'un employé des bureaux de la préfecture de Lille, grand amateur de chimie, et passionné pour les expériences, trouva dans ses heures de loisir le moyen d'extraire de la betterave quelques onces d'un sucre brut de couleur jaune et d'un goût de réglisse très prononcé. Napoléon, alors dominé par sa grande pensée du blocus continental, accueillit la précieuse découverte avec enthousiasme, et s'en déclara le protec-

---

[1] On n'examine pas d'ailleurs les fâcheux effets que doit produire un morcellement excessif.

teur. Grâce à ses encouragements, un jeune marchand lillois, Crespel-Dellisse, doué d'une sagacité rare, d'une force de volonté extraordinaire, devint le créateur de la fabrication du sucre indigène, source de richesse pour nos départements du Nord.

Depuis 1815, la France s'est occupée sans cesse, et souvent avec succès, de perfectionner les théories et les instruments agricoles. On a créé à Roville et à Grignon des fermes-modèles et des écoles spéciales dans lesquelles on enseigne à une jeunesse nombreuse les meilleurs systèmes d'agronomie et l'application de toutes les sciences de l'agriculture. La substitution du système des assolements à celui des jachères, la multiplication des races des animaux domestiques, les nombreux percements de routes et de chemins exécutés par le gouvernement, sont autant de causes qui ont relevé l'agriculture, dont aujourd'hui le produit annuel est de près de cinq milliards de francs.

Le père de l'agronomie moderne, OLIVIER DE SERRES, seigneur du Pradel, naquit en 1539, à Villeneuve-de-Berg, petite ville de l'ancienne province du Vivarais. Il était fils de Jean de

Serres, sieur du Pradel, et eut pour frère cet autre Jean de Serres, célèbre par son *Inventaire général de l'histoire de France*. Nous manquons de détails sur la vie. Nous savons seulement que, partageant une erreur trop commune de son temps, il eut le malheur d'embrasser le protestantisme avec chaleur; qu'en 1572 il assistait en qualité de capitaine au siège de Villeneuve-de-Berg, et qu'à la reprise de cette ville par les calvinistes il vit, sans pouvoir les empêcher, les affreuses représailles exercées par ses coreligionnaires sur les catholiques. Mais ce n'est ni du soldat ni du sectaire qu'il s'agit ici. La seule gloire d'Olivier consiste pour nous dans la noble résolution qui le porta à se placer à la tête des travailleurs dans les campagnes, pour substituer à leurs habitudes routinières des procédés fondés sur la science, l'expérience et la raison.

Fatigué du spectacle des guerres civiles, indigné des excès qu'elles entraînent à leur suite, le seigneur du Pradel chercha et rencontra dans la culture de son domaine, dans l'étude de l'agronomie, le repos et le bonheur que, dans ces temps de calamité, il aurait vainement cherchés ailleurs. Après avoir exploité par ses serviteurs, pendant près de trente années, le domaine du Pradel, il publia son grand ouvrage intitulé : *Théâtre d'agriculture et Mesnage des champs*. Le succès qu'obtint ce livre à son apparition fut si grand, que dix éditions s'en écoulèrent en moins de dix ans. Il est divisé en huit parties qui se terminent par un épilogue ou conclusion fort éloquente. « En général, dit un de ses biographes, Olivier de Serres a donné à tout cet ensemble une tournure dramatique, sans employer la forme de dialogue encore en usage dans ce temps. On a toujours présent un père de famille jouissant d'une certaine aisance et ayant reçu une bonne éducation, qui fait valoir son domaine par les mains de ses serviteurs, et l'on reconnaît que c'est lui-même qui se met ainsi en scène. » Au rapport du savant Scaliger, le *Théâtre d'agriculture* faisait les délices de Henri IV. Le bon roi en écoutait souvent la lecture après ses repas.

Avant cette grande publication, Olivier de Serres s'était déjà fait connaître par un écrit intitulé : *Cueillette de la soie,* qui vit le jour en 1599, et qui valut à son auteur une distinction bien flatteuse : c'était un traité sur l'éducation des vers à soie composé pour répondre au désir que témoignait Henri IV de propager cette branche d'industrie dans son royaume, afin de l'affranchir de l'énorme tribut de plus de quatre millions qu'il était obligé de payer tous les ans aux Italiens pour se procurer des étoffes de soie.

Plusieurs tentatives sérieuses avaient déjà été faites dans ce but. La manufacture des étoffes de soie, introduite à Lyon par Louis XI en 1466, l'avait été quatre ans plus tard à Tours, et confiée à des ouvriers génois; les étoffes brochées d'or et d'argent qui en sortaient avaient une réputation européenne. Mais il fallait aller chercher la matière première à l'étranger. Sous François Ier on introduisit la culture du mûrier. Un ambassadeur vénitien nous assure, dans sa relation de 1546, que les Tourangeaux avaient commencé à planter des mûriers, à élever des vers à soie, et à en tirer le produit autant que le climat le permettait. Diane de Poitiers favorisa cette nouvelle industrie et l'installa à son château de Chenonceaux en Touraine, où plus tard Catherine de Médicis, de 1560 à 1589, et la duchesse de Mercœur, de 1601 à 1606, continuèrent ces essais séricicoles et établirent une filature de soie. Un édit de Henri II, de 1554, avait ordonné la plantation de mûriers en plusieurs parties du royaume; la reine Catherine s'était empressée d'en faire planter un grand nombre dans le parc de son château de Moulins en Bourbonnais, et, pour l'exploitation de la soie qui en provenait, elle avait fondé des manufactures de soie à Orléans en 1582.

Malgré ces encouragements, on peut dire que l'industrie de la soie était encore dans l'enfance. Olivier de Serres fut le premier qui démontra que cette industrie pouvait prendre de grands développements, et il fut chargé par Henri IV de réaliser les plans qu'il avait conçus à cet égard. Lorsque ce monarque eut résolu de faire planter des mûriers dans tous les jardins des châteaux de la couronne, il écrivit de Grenoble, où il se trouvait à l'occasion de la guerre de Savoie, la lettre suivante à Olivier : « Monsieur de Pradel, vous apprendrez par le sieur de Bordeaux, par les mains duquel vous recevrez la présente, l'occasion de son voyage dans vos quartiers, et ce dont je désire de vous. Je vous prie donc de l'assister en la charge que je lui ai donnée, et vous me ferez service très agréable. Sur ce, Dieu vous ait, monsieur de Pradel, en sa garde. — Ce 27 septembre 1600, à Grenoble. »

Or ce sieur de Bordeaux dont il est ici question était le surintendant général des jardins de France. On voit que, sous Henri IV, les grands fonctionnaires publics, chargés des intérêts agricoles, ne dédaignaient pas de se déplacer pour aller demander des conseils aux simples cultivateurs. Olivier s'empressa de satisfaire au désir du monarque, et se mit lui-même à la

recherche des meilleurs plants de mûriers;
il s'en acquitta avec tant de diligence, qu'au
commencement de l'an 1601 il en fut conduit
à Paris quinze à vingt mille, qui furent plantés
en divers lieux. De ce moment la soie était introduite au cœur de la France.

Après avoir ainsi secondé Henri IV dans sa
patriotique entreprise sans avoir voulu en recevoir ni honneurs ni récompenses, l'illustre
patriarche de l'agriculture française continua
à jouir d'un tranquille repos dans sa terre du
Pradel, située au-dessus de Villeneuve-de-
Berg. C'est là qu'il termina sa carrière, le
2 juillet 1619, dans sa quatre-vingtième année. Marié à l'âge de vingt ans à une demoi-
selle d'Arçons, de Villeneuve-de-Berg, il en
avait eu sept enfants, quatre fils et trois filles.
Quelques années après sa mort, le château du
Pradel fut assiégé par suite des guerres civiles.
Malgré la résistance d'un des fils d'Olivier, il
fut pris et rasé, à l'exception d'une seule tour
qui subsiste encore aujourd'hui. Les belles
plantations qui avaient coûté tant de soins et
de peines furent impitoyablement détruites.

Un des exemples les plus frappants de l'ingratitude des peuples envers leurs bienfaiteurs
est l'oubli dans lequel Olivier de Serres est
resté pendant plus de cent cinquante ans. Après

avoir obtenu un succès prodigieux dans leur nouveauté, les ouvrages de cet homme éminent auquel l'agriculture française à dû ses premières conquêtes, et qui renouvela au sein de notre pays la production et la fabrication de la soie, finirent par tomber peu à peu dans l'oubli. Ils étaient tout à fait perdus de vue et semblaient effacés par les *Maisons rustiques*, lorsque, vers la fin du dernier siècle, ils redevinrent tout à coup l'objet de l'étude et de l'admiration des agronomes nationaux. Ce fut surtout l'abbé Rosier et Parmentier qui rappelèrent l'attention sur le *Théâtre de l'agriculture*, et le firent rechercher. Les étrangers eux-mêmes voulurent s'associer à cette sorte de réparation, et le célèbre Arthur Young, voyageant en France en 1789, s'empressa d'aller visiter avec vénération l'antique manoir du Pradel, et voulut saluer la seule tour qui soit encore debout. Le voyageur anglais ne borna pas à ce témoignage d'estime l'intérêt qu'il portait à notre illustre agronome. Lorsqu'il eut connaissance du projet d'élever un monument à la mémoire d'Olivier de Serres, il fit inscrire son nom en tête de la liste des souscripteurs. Cette pensée réparatrice reçut son exécution en 1804, par les soins de M. Caffarelli, préfet de l'Ardèche. Sur la place publique de Villeneuve-de-Berg, en face de la maison qu'occupait autrefois Olivier, on éleva une pyramide reposant sur un piédestal, assis lui-même sur trois marches, et portant sur les quatre faces quatre tables en marbre noir avec inscriptions. Le buste du grand laboureur français surmonte le monument.

« A quoi m'ont servi vingt années de travaux et tant de périls et de peines? Je n'ai pas aujourd'hui une maison en Castille, et si je veux dîner, souper ou dormir, je n'ai pour refuge que l'hôtellerie, où le plus souvent l'argent me manque pour payer ma dépense. » Ces paroles d'amertume, échappées au cœur oppressé de Christophe Colomb dans un de ces moments où, dénué de tout, il repassait dans son esprit l'ingratitude de Ferdinand et d'Isabelle, ne furent pas prononcées en vain par le marin génois : l'histoire les a recueillis, et la postérité s'est chargée du soin de le venger. Mais nul écho sur cette terre n'a redit les plaintes et les soupirs de l'infortuné dont nous allons raconter la vie; il dota toute une contrée d'immenses richesses, et mourut oublié : triste destinée, dont l'exemple guérirait à jamais de l'envie de faire du bien aux hommes, si cette noble pas-

sion ne maîtrisait ceux qui la possèdent au point
de les porter à tout lui sacrifier, et si le chrétien ne voyait dans une autre vie la récompense
promise à ceux qui auront passé sur la terre
en faisant du bien à leurs frères.

EHAN ou JEAN ALTHEN naquit en Perse, en
1711. Ses premières années s'écoulèrent au
sein du luxe et de l'opulence. Fils d'un gou-
verneur de province qui avait représenté avec
distinction son souverain à la cour de Vienne,
il put un moment rêver le plus heureux avenir;
mais l'usurpation de Thomas Kouli-Kan vint
bientôt anéantir ses brillantes espérances. Dans
la tourmente que ce terrible événement dé-
chaîna sur la Perse, le jeune Althen vit la fortune de sa famille détruite, tous ses parents
massacrés les uns après les autres; lui seul
échappa à la mort, mais non à la proscription.

Conduit en Anatolie, il y travailla pendant
quatorze ans à la culture de la garance et du
coton; et, dans la dure condition de l'esclavage,
son courage ne l'abandonna pas. Doué d'un de
ces caractères fortement trempés que les obstacles ne font qu'enflammer, il nourrissait au
fond de son cœur le souvenir du passé et l'espoir d'un meilleur avenir. Un jour il trompa la
vigilance de ses gardiens, s'enfuit de la demeure

de son maître, et se réfugia à Smyrne. Dans ce bazar du Levant, une des villes les plus florissantes du monde à cette époque, nos agents consulaires par leur courage et leur empressement à s'interposer entre les victimes et leurs oppresseurs, à défendre les intérêts commerciaux de tous les peuples, s'étaient acquis une réputation de justice et de loyauté qui faisait de leur demeure un asile inviolable; cette haute influence n'échappa point à la perspicacité du jeune Althen : l'esclave fugitif alla s'abriter à l'ombre du drapeau français. Le consul le reçut avec bonté, et sut bientôt l'apprécier. Peu de temps après, par les soins de cet homme éclairé, Athen s'embarquait pour Marseille, muni de lettres de notre ambassadeur à Constantinople, qui le recommandait à la cour de Versailles.

Le jeune Persan emportait avec lui de quoi payer largement l'hospitalité qu'il allait recevoir en France. Dans son mince bagage il avait caché de la graine de garance ravie au sol de Smyrne, qui l'emporte de beaucoup sur celle de nos climats par l'éclat et la solidité des couleurs qu'elle produit. Arrivé à Marseille, il ne rencontra pas dans cette grande cité l'appui dont il avait besoin, et le manque d'argent l'empêcha de partir pour Versailles. Une âme moins énergique que la sienne se fût abandonnée au désespoir ; mais dans sa captivité il avait appris à souffrir et à espérer. Chez lui la force se mariait à la grâce, et même à travers sa mauvaise fortune perçait un air de dignité et de commandement, souvenir de ses premiers jours.

Accueilli avec intérêt dans quelques familles marseillaises, il devint l'époux d'une jeune personne qui lui apporta une dot de 20,000 écus. Les parents ne mirent qu'une seule condition à ce mariage : ils exigèrent qu'il embrassât la religion catholique.

Vingt mille écus, à cette époque, étaient une somme considérable. Althen aurait pu vivre tranquille et heureux ; mais les hommes de sa trempe ne se contentent pas d'un bonheur vulgaire, il lui fallait une vie d'activité et d'entreprise qui lui permît de réaliser ses projets. Il se rendit à Versailles, où la recommandation de l'ambassadeur français près la Porte lui ouvrit l'accès des salons ministériels. Louis XV lui accorda même une audience. Dans cette entrevue, qui dura près de deux heures, Althen parla avec tant de raison et de lucidité d'un nouveau système de culture et de fabrication de la soie, qu'il méditait, que le monarque, malgré sa frivolité, fut vivement frappé de son langage et lui promit de réaliser son projet. Althen, au comble de ses vœux, alla établir son exploitation près de Montpellier; mais il rencontra dans les préjugés et l'ignorance des paysans méridionaux des obstacles qu'il n'avait pas prévus. Oublié de Louis XV, abandonné par le gouvernement, qu'absorbaient alors les graves intérêts de la politique, il dévora en essais infructueux le patrimoine de sa femme. Il se décida alors à retourner à Marseille.

En traversant le comtat Venaissin, il avait été frappé de l'analogie du sol de ce pays avec le sol de l'Anatolie; c'était la même température, le même climat, le même sol. Une pensée lumineuse éclaira tout à coup son esprit : il imagina que la garance réussirait merveilleusement dans le Comtat. Avec cette promptitude qui caractérisait toutes ses décisions, il réalisa les débris de sa fortune, et s'en vint à Avignon, espérant rencontrer dans ce petit État, alors dépendant du domaine du saint-siège, le patronage que la France lui avait refusé.

Son espérance ne fut pas trompée. Mme de Claussenette, appartenant à une de ces familles opulentes qui répandaient le bonheur et l'aisance parmi la population avignonnaise, s'intéressa à lui et l'autorisa à tenter un premier essai sur une de ses terres. La garance réussit et ce premier succès valut à Althen la protection d'un homme d'un mérite supérieur, du marquis de Caumont, qui lui accorda la plus généreuse hospitalité. En 1765, un nouvel essai de culture de garance fut fait par Althen dans une des terres de son protecteur; il ne fut pas moins heureux que le premier; mais, faute de débouchés, le pays que l'étranger venait de doter d'une nouvelle source de richesses ne retira d'abord que peu d'avantage d'un si grand bienfait. Ce ne fut que lorsque Avignon et le Comtat furent réunis à la France que la garance prospéra réellement dans le Comtat. Aujourd'hui le département de Vaucluse n'en récolte pas, année commune, pour moins de 20 millions de francs. Aussi depuis cinquante ans la valeur du territoire a-t-elle centuplé. Tel petit carré de terre qu'à cette époque on jouait aux dés, ou qu'on échangeait contre un dîner, fait aujourd'hui la fortune d'une famille entière. Qu'on juge par là du service qu'Althen rendit aux Venaissins?

Et cependant ce bienfaiteur de toute une contrée s'éteignit dans un état voisin de l'indigence. Il mourut en 1774, dans une petite maison qu'il tenait du marquis de Caumont, laissant une fille unique qu'attendaient les plus cruelles privations. En vain cette infortunée fatigua-t-elle de ses sollicitations nos gouvernements successifs, elle n'en obtint aucun adoucissement à ses souffrances. Elle mourut de misère au milieu d'une population enrichie par la main de son père. Le jour de la réparation arriva trop tard. En 1821, le conseil général du département de Vaucluse, se souvenant d'Althen, voulut acquitter la dette de la reconnaissance, et vota au Persan une tablette de marbre avec une inscription, qui fut placée dans le musée de Calvet, à Avignon. Le jour où l'on inaugurait cette tablette commémorative, la fille d'Althen rendait le dernier soupir dans un hôpital[1].

De tous les noms des bienfaiteurs de l'humanité qui ont mérité d'être offerts aux hommages et à la reconnaissance de la postérité, il n'en est aucun qui soit plus digne de cette distinction que celui d'ANTOINE-AUGUSTIN PARMENTIER, né dans la petite ville de Montdidier en 1737. Privé de son père dès ses premières années, il

[1] En l'absence de renseignements sur la personne de Jean Althen, dont le nom ne se trouve dans aucune de nos biographies, où se rencontre ordinairement celui de tant de médiocrités, nous avons suivi pour guide une excellente notice de M. E. Fortoul, insérée dans l'*Histoire des hommes utiles* publiée par M. Jarry de Mancy.

fut élevé par sa mère, femme pleine de sens et d'un caractère supérieur à son état. Un vénérable curé, ami de ses parents, frappé de son intelligence peu commune, se chargea de lui enseigner les éléments de la langue latine. A seize ans, le jeune Augustin, impatient de se rendre utile à sa famille, qui était honorable, mais peu fortunée, entra chez un apothicaire de sa ville natale. L'année suivante il se rendit à Paris, où l'appela un de ses parents qui exerçait la profession qu'il avait embrassée.

Bientôt s'ouvrit pour l'élève pharmacien une carrière digne de son ambition. La guerre de Hanovre ayant éclaté, Parmentier partit avec l'armée en 1757. L'habileté et le courageux dévouement dont il fit preuve pendant l'affreuse épidémie qui décima si cruellement nos braves soldats que le fer de l'ennemi n'avait pu vaincre, le firent promptement élever au grade de pharmacien en second. L'ardent et intrépide jeune homme ne s'exposait pas seulement dans les hôpitaux, il payait encore de sa personne sur les champs de bataille. Aussi fut-il fait cinq fois prisonnier, mésaventure qu'il se plaisait souvent à rappeler avec la gaieté qui lui était naturelle, en vantant l'habileté avec laquelle les hussards prussiens l'avaient plus d'une fois déshabillé; c'était, disait-il, les meilleurs valets de chambre qu'il eût jamais rencontrés.

Ce fut pendant une de ces captivités militaires que Parmentier conçut la première pensée du bienfait qui devait l'immortaliser. Assez rigoureusement détenu et réduit à la ration des prisonniers, qu'on nourrissait de pommes de terre, au lieu de s'indigner, comme ses compagnons d'infortune, contre cet aliment nouveau pour eux, il se prit philosophiquement à réfléchir sur la nature et l'utilité du précieux tubercule, et se promit bien de ne pas l'oublier dès qu'il aurait recouvré sa liberté. Nous verrons s'il tint parole.

Lorsque la paix l'eut rendu à sa patrie, Parmentier vint à Paris (1763), où il suivit assidûment le cours de physique de l'abbé Nollet, ceux de chimie des frères Douelle, et les herborisations de Bernard de Jussieu. Telle était son ardeur pour l'étude, qu'il s'imposait les plus rudes privations afin de pouvoir acheter des livres ou payer ses leçons; et cependant il trouvait encore le moyen de transmettre à sa mère quelques secours pécuniaires pour l'aider à subvenir à ses besoins. En 1766, il obtint au concours la place de pharmacien-adjoint à l'hôtel des Invalides. Dans ce nouveau poste, le zèle dont il fit preuve, son esprit vif, le charme attaché à son naturel doux et aimant, lui gagnèrent tous les cœurs; il se fit estimer des vieux soldats mutilés aussi bien que des bonnes sœurs chargées du service de l'hôpital. En 1769, il reçut pour récompense de ses travaux le brevet de pharmacien-major, qui le fixa définitivement aux Invalides.

Dès qu'il lui fut permis de goûter les douceurs du repos et de l'aisance, il se souvint de sa captivité en Allemagne et de la pomme de terre. Cette plante, transportée du Pérou en Europe dès les premières années du XVIe siècle, avait d'abord été cultivée en Italie et en Allemagne. Introduite en France par la Flandre, elle s'était propagée dans nos provinces du Midi, dans le Limousin et l'Anjou, par les soins du grand Turgot; mais jusqu'alors la routine et l'ignorance avaient fait rejeter la culture de cet excellent végétal dans les autres parties du royaume. Suivant un préjugé populaire, cette plante était une espèce de poison, qui épuisait les terres auxquelles on la confiait, et qui développait chez ceux qui s'en nourrissaient la lèpre et d'autres maladies hideuses. Ce furent ces préoccupations étroites et ridicules que Parmentier résolut d'attaquer avec courage et persévérance.

Il savait combien il est difficile de lutter contre la routine; mais est-il rien au monde qui puisse arrêter l'homme animé de la passion et du génie du bien? Parmentier comprit que, pour arriver à son but, il lui fallait une haute protection; cette protection, il la rencontra dans Louis XVI lui-même. Comme il se proposait avant tout de frapper l'imagination des Parisiens, il sollicita et obtint du monarque, pour l'essai qu'il méditait, cinquante arpents de la plaine des Sablons. Ces sables stériles furent labourés pour la première fois par les soins de Parmentier, qui leur confia la plante qu'il voulait réhabiliter. Enfin la floraison tant désirée parut. Émerveillé de son succès, Parmentier cueillit un bouquet de ces précieuses fleurs et courut à Versailles le présenter au monarque. Louis XVI accepta l'offrande avec bienveillance, et, malgré les sourires moqueurs de quelques-uns des courtisans qui l'entouraient, il en para la boutonnière de son habit.

De ce moment la cause de la pomme de terre fut gagnée. Les grands seigneurs et les dames qui jusqu'alors avaient beaucoup ri de ce qu'ils appelaient la folie du bonhomme, s'empressèrent d'imiter l'exemple de Louis XVI, et d'adresser leurs félicitations à ce modeste bienfaiteur de l'humanité. Des gardes placés autour du champ excitaient la curiosité et l'avidité de la foule; mais ces gardes n'exerçaient leur surveillance que pendant le jour. Bientôt on vint annoncer à Parmentier que ses pommes de terre avaient été volées pendant la nuit. A cette nouvelle, il ne se sentit pas de joie, et récompensa largement celui qui la lui avait apportée. Il ne voyait dans le vol commis qu'un nouveau genre de succès. «Si l'on vole la pomme de terre, se dit-il, c'est qu'il n'existe plus de préjugé contre elle. » Peu de temps après il donna un grand repas, où parmi les notabilités de l'époque assistèrent Francklin et Lavoisier. Le tubercule de la plaine des Sablons, déguisé sous toutes les formes, y fournit seul la substance de tous les mets. Les liqueurs même en étaient extraites. C'est ainsi que, grâce aux généreux efforts d'un seul homme, la France vit la pomme de terre se placer au premier rang parmi ses richesses agricoles. En acclimatant la pomme de terre parmi nous, Parmentier donna la santé et l'aisance à des milliers de malheureux destinés à mourir de faim et de misère pendant ces disettes affreuses qui de loin en loin ravageaient auparavant notre beau pays.

De 1783 à 1791, Parmentier se consacra à la publication de plusieurs ouvrages du plus grand mérite sur l'économie domestique et sur l'agriculture. Bientôt arrivèrent les mauvais jours de la révolution. Parmentier avait trop de sagesse, il était d'ailleurs trop occupé pour prendre part

aux discussions orageuses que soulevait la politique. Son silence fut pris pour un désaveu des
principes qui triomphaient alors ; l'homme qui
venait de rendre le service le plus signalé au
peuple fut persécuté par ceux qui se disaient les
amis du peuple. « Qu'on ne me parle pas de ce
Parmentier, s'écriait un fougueux orateur de
club, qui ne nous fait manger que des pommes
de terre : c'est lui qui les a inventées. » Il fut
donc mis au nombre des suspects, dépouillé de
la modique pension qu'il tenait de la générosité
de Louis XVI, et privé de son logement aux
Invalides. Mais on ne tarda pas à avoir besoin
de celui qu'on avait si outrageusement dédai-
gné. Quand l'Europe coalisée força la France à
user de toutes ses ressources pour se sauver,
on pensa à réorganiser le service pharmaceu-
tique des hôpitaux militaires et à améliorer le
pain de nos soldats. Cette tâche difficile fut offerte à Parmentier, qui l'accepta avec enthousiasme, et s'en acquitta avec un zèle au-dessus
de tout éloge. Apprécié comme il le méritait,
il fut successivement appelé au conseil de salu-
brité du département de la Seine, au conseil
général des hospices civils ; toutes les sociétés
savantes lui envoyèrent des diplômes, et l'Institut national le reçut dans son sein.

Parmentier traversa l'époque glorieuse de

l'empire honoré de l'estime et de l'affection de tous les savants. En 1813, la douleur qu'il ressentit de la mort d'une sœur chérie, jointe au chagrin que lui causèrent les revers de nos armées, altéra considérablement sa santé. Son cœur s'affligea des maux dont l'approche des étrangers menaçait sa patrie. Il tomba dangereusement malade, et fut enlevé à l'humanité le 17 décembre. La France avait été envahie le 13.

Un savant distingué, Cadet de Gassicourt, fut chargé de prononcer l'éloge de Parmentier devant la Société de pharmacie. En racontant la vie simple de cet homme de bien, il s'arrêta surtout aux deux grands bienfaits dans lesquels elle se résume presque tout entière : l'introduction de la pomme de terre et le sirop de raisin, ces deux productions de la nature qui, dans sa pensée charitable, devaient être *le pain et le sucre du pauvre*. A une époque antérieure, le ministre François de Neufchâteau avait indiqué à la reconnaissance publique un monument impérissable, et qui ne devait entraîner aucuns frais : il avait proposé de donner le nom de *parmentière* à la pomme de terre. La routine et l'ignorance ont refusé de sanctionner cette dénomination si juste, et qui aurait rappelé sans cesse celui qui a rendu la famine presque impossible en France.

CHAPITRE II

COMMERCE ET INDUSTRIE

Jacques Cœur. — Richard-Lenoir.

Le commerce est aussi utile que l'agriculture
et l'industrie : c'est par celles-ci que se produisent les objets nécessaires à la consommation;
c'est par le commerce qu'on peut se les procurer à volonté et en tous lieux. On ne saurait
s'empêcher de rendre justice au rôle important
que le commerce a joué dans l'histoire du
monde, et rien n'offrait plus d'attrait à la
curiosité que d'étudier son développement chez
les anciens, son avilissement après l'apparition
des barbares, et sa renaissance en Italie vers le
commencement du XIᵉ siècle. On le verra inspirer les voyages les plus lointains et les plus
périlleux, pousser les hommes à l'exploration
de la terre, leur faire braver les mers les plus

redoutécs, les déserts les plus inhabitables, les peuples les plus inhospitaliers; il nous offrirait le spectacle de ces caravanes qui contribuèrent si puissamment à la civilisation grecque, en transportant jusqu'en Europe les produits du haut Orient; de ces hardis navigateurs de Venise, de Gênes et de la Hollande, aidant aux progrès de la civilisation au sein de laquelle nous vivons. Car qui oserait assurer que ces hommes entreprenants n'ont pas rapporté de leurs excursions lointaines l'imprimerie, la poudre à canon, la boussole, ces puissants leviers qui ont si grandement étendu les voies et le domaine de l'humanité? Mais un sujet si plein d'intérêt et si abondant dépasserait de beaucoup les limites qui nous sont prescrites. Nous nous bornerons ici à exprimer le vœu de voir enfin nos hommes d'État, pleins d'une sage sollicitude, briser les dernières entraves qui s'opposent encore aux progrès de l'industrie commerciale parmi nous, parce que le vrai commerce porte en lui des vertus qui sont la sauvegarde et la sécurité des empires, l'ordre, l'exactitude, la bonne foi, l'économie. Aujourd'hui que le règne des préjugés hostiles à la production commerciale et industrielle est passé, il serait prudent et politique à la fois de favoriser de toute manière le commerce in-

.térieur, d'encourager et de diriger d'une façon convenable le commerce extérieur. N'avons-nous pas l'exemple de l'Angleterre? Quelles merveilles ce pays n'a-t-il pas opérées par la protection sans bornes accordée à ses commerçants! Aujourd'hui il domine sur toutes les mers; il règne en Europe, en Afrique, dans les deux Amériques et dans l'Asie; à quatorze cents myriamètres de la métropole, une société de marchands a asservi à ses lois plus de cent millions d'Indiens. Il suffirait à la France de vouloir pour conquérir dans cette carrière un rang digne de sa puissance.

Parmi les hommes qui à travers les bouleversements sociaux de ces cinquante dernières années ont aidé le commerce et l'industrie de leurs leçons et de leurs exemples, nous citerons au premier rang CHAPTAL, l'un de nos savants les plus praticiens, qui, parvenu au pouvoir, se consacra tout entier au développement de l'industrie, et qui, après avoir quitté le ministère, fit encore de l'industrie l'objet constant de ses veilles; OBERKAMPF, fondateur de la fabrication des toiles peintes en France, et dont la persévérance et le génie ont doté son pays d'une branche de travail dont les produits se comptent aujourd'hui par dizaines de millions; REDER, l'ami du vertueux Oberlin, l'Oberkampf des Vosges, qui par l'introduction du tissage des toiles de coton dans la pittoresque vallée de Sainte-Marie-aux-Mines, a assuré l'existence de plus de vingt mille ouvriers de tout genre; DÉPOUILLY et SCHIRNIER, qui surent comprendre l'importance du métier Jacquart, et, domptant les préventions qui repoussaient encore cette belle invention, la mirent entre les mains de nombreux ouvriers, et déterminèrent une révolution complète dans l'industrie lyonnaise; TERNAUX, dont la vie fut si pleine et la fin si isolée; Ternaux, l'un de nos plus grands citoyens, homme patient, économe, inventif, hardi et prudent à la fois, manufacturier dans les principales villes du royaume, et que l'empereur, suivant ses paroles accompagnées du don de sa croix, « trouvait partout; » PIERRE BALGUERIE, qui, après avoir parcouru glorieusement la carrière commerciale suivie par ses ancêtres, a laissé son souvenir empreint sur toutes les fondations dont le XIXᵉ siècle à enrichi la ville de Bordeaux; enfin BEAUVISAGE, qui créa, pour ainsi dire, la teinturerie en France, et qui, après avoir été ouvrier lui-même, devint le père de ses nombreux ouvriers. A côté de ces hommes éminents, il en est deux que nous signalerons plus particulière-

ment à l'admiration des jeunes travailleurs.
Ces deux hommes remarquables, placés aux
deux extrémités du monde moderne, ont,
chacun dans son genre, rendu les plus grands
services au pays. Le premier est ce JACQUES
COEUR, *extrait de petite génération*, comme
disent les chroniques du temps, qui fut doué
d'assez de capacité, de talent et de courage,
pour créer le commerce maritime dans notre
pays à l'époque où il sortait à peine des langes
de la barbarie ; le second est FRANÇOIS RICHARD,
pauvre enfant né dans une humble ferme de
village, nourri d'un pain noir et moisi, de
laitage fermenté, vêtu de toile grossière, pour
qui des souliers étaient l'idéal du luxe, et
dans l'esprit duquel Dieu a fait germer une
des plus grandes conceptions qui aient jamais
jailli d'un cerveau humain.

De nos jours, quand un homme acquiert de
la célébrité dans le commerce ou dans les arts
mécaniques, l'histoire recueille avec avidité
toutes les particularités de sa vie pour les transmettre aux âges futurs. Grâce à ce louable empressement, nos neveux n'ignoreront rien de
ce qui regarde les notabilités industrielles ou

commerciales de notre époque. Mais telle n'était pas la manière de procéder des historiens du xve siècle. Uniquement occupés de retracer des faits d'armes, des tournois et des fêtes chevaleresques, pour charmer les loisirs des châtelains, ils négligeaient tout ce qui peut intéresser ou instruire l'humanité, et ne s'occupaient point de signaler les progrès des arts utiles et de la civilisation. Aussi ne leur demandez rien sur la naissance, l'éducation de Jacques Cœur, de ce négociant qui, par ses immenses spéculations, devint plus riche que tous les rois de l'Europe ensemble. Ils ne commencent à parler de cet homme industrieux et utile que lorsqu'il fut admis à la cour, c'est-à-dire lorsque *le petit roi de Bourges* (Charles VII) eut recours à ses trésors pour se tirer des embarras et des dangers où l'avaient mis les Anglais et les Bourguignons. Heureusement nos historiens modernes se sont crus obligés de suppléer au silence que les chroniqueurs du moyen âge gardent à l'égard de nos principales illustrations, et leurs recherches nous ont mieux fait connaître le célèbre argentier de Charles VII. Ce que nous allons en dire fera voir s'il méritait l'oubli et l'indifférence de ses contemporains.

Jacques Coeur, fils d'un orfèvre de Bourges,

fut dans sa jeunesse employé à la fabrication des monnaies. La bonne éducation qu'il avait reçue, la grande aptitude qu'il montrait pour les affaires commerciales, le firent avantageusement connaître de Charles VII pendant le séjour de ce prince dans la capitale du Berri. Appréciant son mérite et son intelligente activité, Charles le nomma d'abord maître des monnaies de Bourges, puis lui donna le titre modeste de son argentier, ou gardien de son épargne privée, avec la permission de continuer, par des facteurs, son commerce, qui déjà, à cette époque, avait pris une extension prodigieuse. Ses nombreux vaisseaux transportaient d'Europe en Orient des armes, des lingots d'or et d'argent qu'ils allaient échanger contre la soie et les épiceries. Malgré tous les obstacles qu'il dut rencontrer dans un siècle de barbarie et de désordre, Jacques Cœur vint à bout de mettre de l'ordre dans les finances de l'État, et bientôt rien n'arrêta plus Charles VII dans la double tâche qu'il s'était imposée, reconquérir son royaume et le restaurer.

En 1440, Jacques Cœur, pour prix de ses nombreux services, fut anobli par le roi ; sa fortune était si colossale, qu'il passa en proverbe de dire, pour désigner un homme jouissant de grands biens : *Riche comme Jacques*

Cœur, et qu'on croyait qu'il avait trouvé la pierre philosophale, que tant d'autres ont cherchée depuis. Mais tout son secret consistait dans son talent et dans son habileté pour le trafic. Il remplissait tout le Midi de sa renommée commerciale : à Marseille, à Montpellier, à Beaucaire, c'était lui qui faisait la loi sur le marché ; on eût pu composer une flotte de tous les vaisseaux qu'il avait en mer, et ses facteurs du Levant traitaient de puissance à puissance avec les princes sarrasins.

Jacques Cœur employa sa haute influence à faire marcher le royaume vers un bien-être jusqu'alors inconnu ; par ses soins, l'agriculture et l'industrie, ces deux puissantes sources de la richesse publique, purent enfin se développer peu à peu ; il engagea le roi à défendre à l'intérieur contre toute espèce de brigandage le paysan et le marchand, à protéger également les spéculateurs hardis que le commerce conduisait chez les infidèles. C'était l'époque où florissait le négociant le plus illustre qu'ait jamais eu l'Europe, le Florentin Cosme de Médicis, *Père de la patrie.* Jacques Cœur, stimulé par l'exemple de ce grand homme, familiarisé d'ailleurs par son habitude du haut commerce avec les grandes idées, ne se borna pas à initier Charles VII aux principes de l'ad-

ministration, il voulut encore mettre sa fortune au service de la cause nationale : il permit
au roi de puiser à discrétion dans ses coffres,
pourvu qu'il se décidât à faire la conquête de
la Normandie. Aussitôt quatre armées, entre-
tenues à ses frais, entrèrent en campagne; à
leur approche, les villes, impatientes de secouer le joug étranger, chassèrent les garnisons
anglaises, et firent leur soumission. Le 10 novembre 1448, Charles VII fit son entrée dans
Rouen, entouré de tous ses capitaines; mais
dans cette foule de guerriers fameux le peuple
ne distinguait qu'un homme, clerc pacifique
dont la cuirasse n'était qu'une armure d'appa-
rat. Cet homme était Jacques Cœur, qui se tenait aux côtés du roi, comme autrefois Jeanne
d'Arc au sacre de Reims. La conquête de la Normandie était autant la sienne que celle de son
maître.

Cette vie glorieuse, cette gratitude du monarque, ne durèrent pas longtemps. Jacques
Cœur venait d'avancer à Charles VII les sommes
nécessaires à l'importante négociation de Tu-
rin, pour faire cesser les schismes d'Amédée
de Savoie, antipape sous le nom de Félix V;
lui-même était à Lausanne, où il remplissait
dignement une mission diplomatique auprès des
cantons suisses, lorsqu'en 1451 une intrigue de

cour se forma contre lui. La célèbre Agnès Sorel
venait de mourir; on accusa l'argentier du roi,
qui avait été l'exécuteur testamentaire de la
favorite, de l'avoir empoisonnée. Jacques Cœur,
à son retour, se justifia facilement d'un pareil
crime; mais l'envie qu'avait fait naître sa brillante fortune, le désir de se la partager, et peut-
être aussi de se débarrasser de dettes qui les
gênaient d'autant plus qu'il leur avait prêté plus
noblement, excitèrent les courtisans à tenter
un nouvel effort pour le perdre. On l'accusa
d'avoir fait sortir du royaume de l'argent et du
cuivre en grande quantité; d'avoir, sans la permission du roi et du pape, transporté chez les
Sarrasins des armes qui n'avaient pas peu contribué au gain d'une victoire remportée par ces
infidèles sur les chrétiens; d'avoir renvoyé à
Alexandrie, sur un de ses vaisseaux, un esclave
chrétien qui s'était réfugié en France, et avait
abjuré le christianisme depuis son retour en
Égypte; d'avoir enfin contrefait le sceau du roi,
altéré les monnaies, et ruiné le pays du Langue-
doc par des exactions sans nombre et d'affreuses
concussions. Charles VII eut la déplorable fai-
blesse d'accorder aux persécuteurs de ce grand
citoyen l'autorisation d'instituer une commission composée de personnages notés d'infamie,
et présidée par Antoine de Chabannes, comte de

Dammartin, le plus cruel ennemi de son argentier, et l'un de ses débiteurs les plus importants. Toute cette procédure fut conduite avec
une iniquité révoltante. En vain l'accusé demanda-t-il à récuser ceux de ses juges qu'il
savait acharnés à sa perte, à faire entendre des
témoins, à prendre un conseil et des avocats.
On lui refusa tout; on lui interdit même la
consolation de voir dans sa prison son fils aîné,
qu'au temps de sa faveur il avait fait élever à
l'archevêché de Bourges. Enfin, après deux ans
de captivité passés dans cinq prisons différentes, le 29 mai 1453, son jugement fut prononcé au château de Lusignan. Par cet arrêt,
Jacques Cœur fut déclaré coupable sur tous les
chefs d'accusation qui lui étaient imputés, et,
comme tel, condamné à la peine de mort. Toutefois le roi, sur qui doit retomber la honte d'une
pareille sentence, en considération de certains
services et à la recommandation du pape Nicolas V, voulut bien commuer la peine capitale
en une somme de 400,000 écus, la confisca-
tion de ses biens, le bannissement perpétuel
hors du royaume et l'amende honorable, nu-
tête et sans chaperon, à la porte d'une église.

C'est ainsi que ce monarque, que l'histoire a
surnommé *le Victorieux,* brisa, après s'en
être servi, un des plus utiles instruments de sa

puissance, celui qu'il aurait dû respecter comme son sauveur, ce fidèle et généreux Jacques Cœur qui avait payé ses conquêtes, et qu'il sacrifia aux haines et aux intrigues de la cour. Et cependant l'innocence de la victime était évidente. Mais Charles, comme tous les hommes faibles, était facile à effrayer; il redoutait sans cesse la trahison, dont il n'avait que trop souvent éprouvé les funestes effets : on conçoit alors qu'il ait pu céder aux obsessions des ennemis de son argentier. La sentence était à peine rendue, que les juges s'empressèrent de se partager les dépouilles du condamné. Chacun d'eux en eut une bonne part; mais le meilleur lot fut pour Antoine de Chabannes, qui s'adjugea la seigneurie de Saint-Fargeau, avec les baronnies de Toucy et de Pereuse, c'est-à-dire tout le pays connu sous le nom de *Puisage,* consistant en plus de vingt paroisses.

Malgré la décision qui le condamnait au bannissement, Jacques Cœur, après avoir fait amende honorable à Poitiers, reçut du roi l'autorisation de se retirer dans le couvent des Cordeliers de Beaucaire. Il y resta captif près de deux ans. Enfin Jean de Village, un de ses facteurs, à qui il avait fait épouser sa nièce, et qui lui avait toujours montré un dévouement sans bornes, trouva le moyen de faire évader son infortuné patron. Jacques Cœur se réfugia à Rome, où le pape Nicolas V ne voulut pas qu'il eût une autre demeure que son palais. Le souverain pontife avait eu occasion de le connaître et de l'apprécier lors de la fameuse ambassade d'obédience envoyée par Charles VII auprès du saint-siège, et dont Jacques Cœur était le chef. Depuis ce temps il avait conçu autant d'estime que d'amitié pour sa personne, et il saisit l'occasion de lui en donner des preuves dans le malheur. Dès que Jacques Cœur n'eut plus rien à craindre de ses ennemis, ses facteurs, dont il avait été plutôt le père que le maître, accoururent auprès de lui, et lui remirent une somme de 60,000 écus, provenant du commerce de ses vaisseaux, que sa captivité et son procès n'avaient point interrompu. Avec cette somme il se trouva de nouveau dans l'opulence.

Après la mort de Nicolas V, Calixte III, son successeur, ayant résolu de porter la guerre chez les infidèles, confia le commandement d'une partie de sa flotte à Jacques Cœur. Celui-ci, consultant plutôt son zèle que ses forces, accepta avec empressement une mission qui l'honorait; mais il tomba malade en traversant l'Archipel. Forcé de s'arrêter dans l'île de Chio, il y mourut, au mois de novembre 1456. Ses dernières paroles furent une recommandation au roi en faveur de ses enfants. Son corps fut transporté à Mitylène, où il fut enterré dans une église chrétienne.

La grande injustice dont Jacques Cœur fut victime n'a pas seule contribué à rendre son nom à jamais célèbre ; il se recommande encore à la postérité par son amour pour son pays et pour le bien public en général. Négociant habile et aventureux, il a laissé des exemples qui n'ont pas été perdus : après lui, l'industrie commerciale, à laquelle il avait donné une si grande impulsion, ne s'arrêta plus en France. Émule des Médicis, à qui il peut être comparé sous plus d'un rapport, ce grand citoyen ne fut pas seulement le premier négociant de son temps, il en fut aussi l'homme le plus éclairé et le plus lettré. On lui doit les *Mémoires et Instructions* pour policer la maison du roi et surtout le royaume, ainsi que le *Dénombrement ou calcul des revenus de France*.

Charles VII ne voulut jamais accorder aux enfants de Jacques Cœur la revision du procès de leur père. Ce fut Louis XI qui se chargea de réhabiliter la mémoire de l'illustre argentier. Les lettres patentes du roi qui réintégrèrent les appelants dans la possession des biens paternels parlaient en termes très durs d'Antoine de Chabannes et de son injustice, et relevaient magnifiquement les services rendus au pays par sa victime. Au temps de sa prospérité, Jacques Cœur avait fait construire à Bourges une maison qui passait alors pour la plus belle du royaume. Cet édifice, religieusesement conservé, et acheté en 1682 par le maire et les échevins de la métropole du Berri, sert aujourd'hui d'hôtel de ville et de palais de justice.

FRANÇOIS RICHARD naquit en 1765, dans l'humble et petit hameau de Trélat, commune d'Épinay (Calvados), de fermiers pauvres et malheureux comme tous les cultivateurs de cette époque. Ses premières années furent turbulentes et agitées; sa jeune imagination, dans son activité, enfantait sans cesse de nouveaux projets, et, dans ses jeux, dans ses espiègleries enfantines, on pouvait déjà entrevoir le germe de son génie spéculatif. A douze ans, il se livrait à l'éducation et au commerce des pigeons; et ce petit négoce lui rapportait des bénéfices qui ne faisaient qu'enflammer sa jeune cervelle. Mais son colombier finit par porter ombrage au seigneur du lieu; force lui fut de le vendre. Il en retira 42 francs, somme énorme pour un jeune villageois. Richard se crut riche, et voulut se procurer quelques jouissances; il acheta des souliers ferrés, qui, parmi des gens qui ne connaissaient d'autre chaussure que des sabots, le firent regarder comme un élégant.

Richard n'avait rien tant à cœur que de ne plus être à charge à son père, dont il déplorait la misère. Après la vente de son colombier, il se mit à spéculer sur les chiens de race. Ce nouveau négoce lui donna en peu de temps les moyens de se procurer des habillements propres, qui lui firent éclipser par son luxe villageois tous ses camarades d'école; mais ce qui valait beaucoup mieux, il les laissa en même temps bien loin derrière lui par ses progrès dans l'instruction. Avant d'avoir atteint sa treizième année, il savait assez lire et écrire pour qu'on lui donnât à tenir le registre du marché aux bestiaux de Villiers-le-Bocage.

Il avait dix-sept ans lorsqu'il manifesta l'intention de quitter la maison paternelle pour aller chercher fortune sur un théâtre plus grand et plus digne de son ambition. Son père ne contraria pas ce projet; mais quand l'instant de la séparation arriva, il se trouva dans la pénible obligation d'avouer à son fils que, dans un moment de détresse, il s'était vu contraint de dépenser la plus grande partie des épargnes qu'il lui avait confiées, et qu'il n'avait que 12 francs ·à lui donner. Un pareil aveu ne découragea point Richard : il prit congé de son père avec effusion, lui disant qu'il s'estimait heureux de lui laisser ce faible acompte sur le bonheur qu'il se proposait de lui procurer; puis il se mit en route avec des habits neufs dans son sac et ses douze francs dans sa poche.

Arrivé dans la capitale de la Normandie, léger d'argent, mais plein d'espérance et de résolution, Richard se plaça chez un marchand de rouenneries. Malheureusement son patron était un homme ignorant, grossier et avare. Il ne sut pas pénétrer tout ce qu'il y avait d'avenir dans cet esprit ardent et disposé au bien. Il fit du jeune Normand son domestique plutôt que son commis. Tant qu'il ne fut question que de panser le cheval, d'aider à la cuisine, de servir à table, Richard ne fit entendre aucune plainte; mais un beau jour son maître, ayant acheté un cabriolet neuf pour figurer convenablement dans une cérémonie publique, voulut lui imposer l'humiliation de monter derrière. Sa fierté s'indigna d'une semblable exigence; il refusa nettement, et quitta la maison de rouenneries.

La jeune ambition de Richard ne rêvait que

Paris, où il s'imaginait pouvoir satisfaire son
avidité de s'instruire au commerce; mais, pour
se rendre dans cette ville, il lui fallait de l'argent. Pour s'en procurer il embrassa résolument
l'humble profession de garçon de café, et pendant un an il amassa sou à sou de quoi faire
son voyage. Une fois arrivé dans la capitale, il
fallait trouver des moyens d'existence, et ce
n'était pas chose facile à un pauvre jeune homme
qui n'avait pas une seule relation dans Paris.
Aussi Richard eut-il à subir bien des épreuves
et bien des mécomptes. Après mille démarches
inutiles pour se faire admettre chez un négociant, après des refus sans nombre, il fut obligé
de reprendre le tablier dans un café tenu par
un de ses compatriotes. Là les bénéfices étaient
plus considérables qu'à Rouen. Au bout d'un
an il possédait un millier de francs. Dès lors rien
ne put l'arrêter; il consacra son petit trésor à
l'acquisition de quelques pièces de basin anglais, marchandises alors nouvelles en France,
qu'il colporta dans les maisons riches et qu'il
vendit avec avantage. Ses premières pièces
vendues, il en acheta d'autres; et quand,
après un an de travail, il fit son inventaire,
il trouva qu'il était à la tête de 25,000 francs.
Cette somme était une véritable fortune pour
un jeune homme de vingt-trois ans.

Richard continua son négoce, lorsqu'en 1789 une perfide manœuvre d'un de ces agents d'affaires à la probité équivoque dont Paris abonde, vint tout à coup arrêter l'élan de son industrie et disperser son avoir : il fut même arrêté et écroué à la Force pour une prétendue dette de 15,000 francs. Richard aurait pu facilement payer cette dette et recouvrer sa liberté; mais rien ne révoltait plus son âme honnête que l'injustice : il avait la conviction qu'il ne devait pas; il aima mieux rester en prison que de donner raison à la friponnnerie.

Déjà grondait la tourmente révolutionnaire qui devait remuer la société jusque dans ses fondements. Le 13 juillet, l'émeute populaire, après avoir pillé la maison du manufacturier Réveillon, se rua sur la Force, en brisa les portes, et élargit les prisonniers. Richard se trouva sur le pavé de Paris avec une toilette plus que négligée et 12 sous dans sa poche; mais il se rappela les 12 francs de son père, et le courage lui revint. Il emprunta quelques écus, et six mois après son crédit était rétabli, son commerce en voie de prospérité.

Tout lui réussissant au gré de ses désirs, Richard ne mit plus de bornes à ses spéculations. Il loua un vaste magasin rue Française, et en 1792 il était assez riche pour acheter le domaine de Fayt, près de Nemours. Mais les jours terribles de la révolution arrivèrent. Richard, que son humeur pacifique éloignait des luttes sanglantes qui mettaient chaque jour Paris en effervescence, comprit que de longtemps il n'y aurait plus de sécurité dans le commerce, ni bénéfices à espérer. Il régla ses comptes, ferma son magasin, et accompagné de sa femme, Marie Alavoine, qu'il avait épousée à Amiens en 1790, il alla visiter son vieux père, qui s'était retiré à Épinay. Dès son arrivée l'occasion s'offrit à lui de montrer que la promesse qu'il avait faite en quittant le toit paternel n'était pas un vain mot. Sa famille réunie était encore sous l'empire de l'émotion que lui causait sa présence inattendue, lorsque deux hommes à la mine sinistre se présentèrent : c'étaient des huissiers qui venaient opérer une saisie. Le père de Richard avait eu la générosité de se rendre caution du receveur des tailles, et celui-ci s'étant enfui avec sa caisse, le vieillard s'était vu appliquer la maxime impitoyable : « Qui répond paye. » Richard se trouva là comme une Providence : il paya tout sur-le-champ, et montra combien avaient fructifié dans ses mains les 12 francs avec lesquels il était parti dix ans auparavant.

Quand les massacres eurent cessé dans Paris, Richard y revint et reprit ses spéculations. Ce

fut peu de jours après le 9 thermidor qu'il fit la
connaissance d'un jeune négociant aux manières
franches, Lenoir-Dufresne, avec lequel il se
trouva en concurrence pour l'acquisition d'une
pièce de drap anglais, dans un magasin de la
rue des Bourdonnais. De prime abord ces deux
esprits supérieurs se comprirent et se sentirent
entraînés l'un vers l'autre. Le lendemain même
de cette rencontre furent jetées les bases d'une
association commerciale qui ne devait se terminer que par la mort d'un des deux associés,
et qui pendant vingt ans s'est recommandée
à l'estime publique sous la raison Richard-
Lenoir.

Les deux associés avaient entre eux de nombreux traits de ressemblance : c'était chez l'un
et chez l'autre la même justesse de coup d'œil
en affaires, la même loyauté facile. Seulement
Richard conservait dans ses manières et son
langage un laisser aller qui rappelait trop
souvent le paysan normand ; mais cet abandon, cette fougue confiante étaient tempérés
par le sang-froid et le maintien digne de Lenoir-Dufresne. Leur négoce consistait principalement en marchandises anglaises. Il prit bientôt un développement sans exemple. Telle était
l'affluence qui se pressait dans leurs magasins,
que, deux ans à peine après la création de la

société, les 6,000 francs qu'ils avaient mis en commun se trouvèrent avoir produit un bénéfice de 112,000 francs.

Le premier consul venait de rendre enfin un peu de calme et de repos à la malheureuse France. Richard conçut alors un projet aussi grand que généreux : il résolut de délivrer notre commerce de l'espèce de vassalité dans laquelle il était retenu par l'Angleterre. Les tissus de coton faisaient l'objet capital de ses spéculations ; il entra dans l'esprit de l'enthousiaste industriel de fabriquer lui-même ces tissus. Mais pour cela il fallait posséder les moyens de fabrication. Sa patience et le hasard les lui firent rencontrer Ayant défilé quelques étoffes de coton, il s'aperçut avec surprise, en pesant une certaine quantité de fil, qu'une pièce de huit aunes, du prix de 80 francs, ne coûtait que 12 francs de matière première : il restait donc 68 francs pour la main-d'œuvre. A partir de cet instant il n'y eut plus d'hésitation pour lui, et son parti fut irrévocablement pris. Toutefois, ne voulant rien faire sans l'assentiment de son associé, il fit part de son projet à Lenoir-Dufresne. Celui-ci essaya d'abord de le détourner de se lancer dans le champ de l'inconnu ; mais, vaincu par son raisonnement, il finit par le laisser libre d'agir à sa volonté.

Aussitôt Richard se mit à l'œuvre. Il se procura cent livres de coton, fit faire quelques métiers sur les dessins informes donnés par un pauvre ouvrier anglais, qui se chargea de les monter et s'installa dans une guinguette de la rue de Bellefonds. Au gauffrage près, les premières pièces fabriquées réussirent parfaitement; mais il était indispensable qu'elles subissent cette opération pour être vendables.

Richard employa trois mois à découvrir le secret de ce procédé sans pouvoir y parvenir; il se laissait aller au découragement, lorsque son associé, qui était revenu de sa prévention et qui commençait à prendre intérêt à la fabrication, lui donna la clef de ce qu'il cherchait.

La fabrique prenant chaque jour de l'extension, le besoin d'une filature se fit fortement sentir. Mais, pour parvenir à en monter une, il fallait avoir le dessin ou le modèle d'une de ces machines à filer connues en Angleterre sous le nom de *mull-Jenny* (métier à la Jeannette). Le hasard vint encore au secours de Richard. Il fit la rencontre d'un autre Anglais, qui en moins de trois mois lui fabriqua vingt-deux métiers complets. Dans cette circonstance, Richard mit en pratique la maxime que pour faire vite et bien il faut de l'or, et toujours de l'or. L'Anglais n'eut qu'à se louer de sa générosité. Mais, les machines faites, il fallait les placer; le local de la rue de Bellefonds était trop étroit pour les recevoir. Les deux associés louèrent alors au gouvernement un superbe hôtel dans la rue de Thorigny, et l'ancien séjour du luxe et de l'opulence devint tout à coup l'atelier du pauvre.

Grâce à leur parfaite ressemblance avec les marchandises anglaises, les produits de la fabrique Richard-Lenoir prirent faveur et s'enlevèrent rapidement. La consommation devint telle, que bientôt le local de la rue de Bellefonds et l'hôtel Thorigny ne purent plus suffire aux besoins de l'entreprise. Richard jeta ses vues sur le couvent de Bon-Secours, dans la rue de Charonne, et demanda à l'autorité de mettre à sa disposition ce monastère abandonné. La réponse se faisant attendre, l'impatient manufacturier conçut le hardi projet de prendre d'assaut la maison qu'il convoitait. Un beau matin il se mit à la tête de ses ouvriers, fit transporter ses métiers et ses mull-Jenny, appela des maçons, des couvreurs, des menuisiers et des charpentiers pour relever les ruines du couvent, et trois jours après la filature était en pleine activité. Une occupation opérée avec aussi peu de respect pour les formes légales

ne pouvait manquer de provoquer les suscep-
tibilités de l'autorité : un rapport sévère fut
fait au premier consul; mais l'invasion de Richard trouvait à ses yeux une légitime excuse
dans l'immense service qu'il rendait aux classes
laborieuses du faubourg Saint-Antoine. Quelques jours après, Bonaparte alla visiter lui-
même l'établissement de Bon-Secours. Les
merveilles toutes nouvelles des métiers français excitèrent son admiration au plus haut
point. Il fut si frappé de la netteté du jugement de Richard, de l'élévation de ses vues,
du courage avec lequel il travaillait à l'éman-
cipation commerciale de la France, qu'il lui
donna raison contre l'autorité municipale; il
fit plus : il demanda à l'habile fabricant de
quels encouragements il pouvait avoir besoin,
et, sur ce que Richard lui dit que déjà Bon-
Secours ne lui suffisait plus, il lui accorda le
couvent de Trenelle, situé de l'autre côté de
la rue de Charonne.

De ce moment la manufacture de Richard-
Lenoir prit cette importance colossale qui
en fit un établissement à part en France; de ce
moment se réalisèrent pour les deux associés
ces incroyables bénéfices, qui ne s'élevaient
pas à moins de 40,000 francs par mois. Ces
résultats, qui semblent tenir du prodige, ces-

seront d'étonner quand on saura que Richard, toujours infatigable, monta successivement trois cents métiers dans différents villages de la Picardie, quarante dans les celliers de Mme Lenoir mère, à Alençon, et cent dans l'abbaye de Saint-Martin, près de Luzarches, qu'il acheta au moment où ce vieil édifice allait tomber sous le marteau de la bande noire. Dans cette distribution de bienfaits répandus sur tant de points à la fois, Richard n'oublia pas ses compatriotes : il fit l'acquisition de l'abbaye d'Aulnay, dans le Calvados, et y fonda un nouvel établissement qui donna du pain à six cents ouvriers. Sa charité éclairée ne s'en tint pas là : elle ouvrit aussi un asile aux orphelins des deux sexes. En admettant ces jeunes infortunés à la fabrique de Séez, il ne s'attacha pas seulement à leur inspirer l'amour du travail, il voulut encore qu'ils reçussent des instructions religieuses et des leçons de lecture, d'écriture, de calcul et de musique. C'est ainsi que sa sollicitude s'exerçait sans relâche sur toutes les personnes qu'il faisait travailler. Ennemi déclaré des cabarets, il ne voulait pas que ses ouvriers fussent obligés d'aller chercher au loin des distractions, et, afin de les retenir, il avait fait établir dans chacune de ses manufactures un billard qui leur était abandonné les jours de repos.

Pendant plus de dix années, Richard et Lenoir semblèrent épuiser la mesure des prospérités humaines. Mais en 1806 un événement aussi cruel qu'inattendu vint rompre brusquement le lien de cette association modèle. La mort frappa Lenoir-Dufresne, à qui la santé la plus prospère devait faire espérer de longs jours, et laissa son associé seul à la tête de ses établissements. Dès que Lenoir ne fut plus là pour tempérer sa fougue, le trop entreprenant Richard donna l'essor à ses vues gigantesques. Il monta deux nouvelles filatures à Caen et à Laigle, ce qui porta le nombre de celles qu'il possédait à six, bien organisées, pourvues de tout le matériel nécessaire ; il établit en même temps une fabrique d'impression à Chantilly.

Bientôt il ne suffit plus à son intime ambition d'avoir créé l'industrie cotonnière, il voulut encore que la France n'eût plus rien à demander aux pays d'outre-mer que la matière première. Nos victoires, à cette époque de gloire, nous avaient livré l'Italie, et en avaient fait comme une annexe du grand empire. Ce fut au sol généreux du royaume de Naples que Richard alla confier la culture du cotonnier. Il fit ramasser avec le plus grand soin les graines qui se trouvent souvent dans les balles de coton venues d'Amérique. Quand il en eut une quantité suf-

fisante, il les fit transporter et cultiver à Cas
tellamare, où elles réussirent à souhait. Un an
après il faisait entrer en France plus de vingt
milliers pesant de coton brut provenant de sa
première récolte.

Avec six filatures constamment en activité,
Richard fabriqua bientôt hors de toute proportion avec la consommation; aussi ne tarda-t-il
pas à porter la peine de sa trop confiante té-
mérité. La réunion de la Hollande à la France
ayant jeté une quantité immense de marchandises dans la circulation, Richard ne put plus
vendre les siennes. De là ses premiers embarras. En vain ses amis l'engagèrent-ils à se dé-
faire de plusieurs établissements; en vain un de
ses commis qui avait toute sa confiance lui pro-
posa-t-il de faire son inventaire et de se retirer
du commerce : « Vous avez assez fait pour votre
réputation et pour la France, lui disait le prudent commis, songez maintenant à vos intérêts
et à votre repos. » Richard ne voulut rien entendre : il était lancé, et ne devait plus s'arrêter qu'au fond du précipice.

Les affaires devenaient chaque jour plus mau-
vaises. Dans l'impossibilité où il se trouvait de
vendre ses marchandises, d'emprunter sur leur
valeur et de négocier ses billets, Richard s'a-
dressa à l'empereur et lui exposa franchement

sa situation. La réponse ne se fit pas attendre. Napoléon, qui avait pour lui la plus haute estime, et qui précédemment l'avait décoré lui-même de la croix de la Légion d'honneur, lui écrivit qu'il eût à s'entendre avec le ministre des finances, à qui il avait donné ses instructions, et le lendemain Richard touchait 1,500,000 francs à titre de prêt. Cette somme sastisfit aux exigences du moment; mais les deux causes du mal n'en subsistèrent pas moins : l'énormité du prix de revient de la matière première, et la difficulté de vendre. Richard pensa alors à transformer ses filatures de coton en filatures de laine. Cette nouvelle industrie lui réussit; il fit d'abord d'assez beaux bénéfices; mais bientôt les sinistres survinrent. Dans deux ou trois opérations, il perdit plus de 400,000 francs. Ses magasins, remplis d'une quantité prodigieuse de coton, tant filé que tissé, ne se vidaient pas, si bien que quand arriva la fatale année 1813, qui devait voir nos désastres et nos revers, la perte du manufacturier était imminente.

Jusqu'ici nous avons vu Richard industriel et père de ses ouvriers, nous allons le voir maintenant citoyen courageux et dévoué. La fortune avait trahi nos armes, et de toutes parts les soldats de l'Europe coalisée foulaient le sol de la France. Au mois de janvier 1814, Paris réorganisa sa garde nationale ; et Richard, malgré tous ses efforts pour décliner un tel honneur, fut apppelé au commandement de la 8e légion. Une fois investi de ces fonctions, il ne songea plus qu'à s'en acquitter avec zèle et patriotisme. Bientôt l'ennemi fut sous les murs de Paris. Après avoir contribué à faire prendre aux Parisiens la noble résolution de se défendre, Richard sortit avec sa légion et alla occuper l'avenue de Vincennes. L'artillerie qui la protégeait ayant été enlevée par la cavalerie ennemie, Richard demanda des hommes de bonne volonté pour aller la reprendre. La légion entière, secondée par quelques-uns de ces braves élèves de l'École polytechnique qui montrèrent tant de dévouement dans ces jours de malheur, offrit de le suivre ; l'artillerie fut reprise, mais trente citoyens payèrent de leur vie cet acte de courage.

En visitant un hôpital provisoire qui avait été établi dans le couvent de la Croix pour recevoir les blessés, l'âme généreuse de Richard s'émut à la vue de nos soldats couchés sur de la paille presque pourrie. Il en fit aussitôt apporter huit cents bottes à ses frais. Mais il ne suffisait pas d'avoir procuré à ces malheureux un coucher plus sain, il fallait encore les em-

pêcher de mourir de faim. La générosité de
Richard ne leur fit pas défaut : il employa la
chaudière de sa blanchisserie de Bon-Secours
à leur faire du bouillon, et tous les jours, par
les soins de ses commis et de ses domestiques
remplissant le rôle d'infirmiers, chaque blessé
recevait une soupe d'un kilogramme dans des
écuelles faites exprès. N'oublions pas d'ajouter
qu'ayant dépensé des sommes considérables
pour cet acte d'humanité, Richard s'abstint de
demander aucune indemnité. De pareils traits
dispensent de tout éloge.

Cependant, malgré les efforts héroïques de
ses défenseurs, Paris capitula le 31 mars; les
Russes entrèrent par la grande rue du faubourg
Saint-Antoine, traînant, attachés avec des
cordes à leurs pièces de canon et à leurs four-
gons, quelques centaines de prisonniers qu'ils
avaient faits la veille. A ce spectacle, l'exaspération des faubouriens fut à son comble; ils
voulurent délivrer les Français si indignement
traités. Richard seul parvint à calmer leur effervescence, en promettant sur sa tête que les prisonniers seraient promptement rendus; et il
tint parole. Le lendemain, il se rendit à l'état-
major des armées alliées, où, en faisant pres-
sentir un mouvement du faubourg Saint-Antoine,
il vit sa démarche couronnée d'un plein succès.

L'impression que lui causa la chute de Napoléon, auquel il avait voué une sorte de culte, fut douloureuse et profonde. Toutefois, lorsqu'il eut réfléchi que de sa soumission au nouveau gouvernement pouvait dépendre la tranquillité du faubourg Saint-Antoine, il n'hésita pas à prendre la cocarde blanche, et fut un des colonels qui allèrent, à la tête de leurs légions, recevoir le comte d'Artois aux barrières. Les paroles chevaleresques adressées par ce prince aux habitants de Besançon : « Mes amis, il n'y a rien de changé en France, il n'y a qu'un Français de plus, » avaient été accueillies partout comme un présage de bonheur. Un moment Richard se flatta de l'espoir qu'il allait obtenir pour son industrie la protection dont elle avait si grand besoin. Malheureusement il n'en fut rien. Les Bourbons, rétablis sur le trône de leurs pères, trouvaient les finances du pays épuisées et avaient bien des dettes sacrées à acquitter; quelque bonnes que fussent leurs intentions, ils ne purent refuser aux sollicitations de l'Angleterre la demande qui leur fut faite de supprimer entièrement les droits sur les cotons. L'ordonnance du 23 avril 1814, qui n'accordait pas même d'indemnité aux détenteurs de marchandises fabriquées, porta le dernier coup à notre industrie cotonnière. La veille de cette ordonnance fatale, Richard possédait une fortune de huit millions; le lendemain, il était à peu près ruiné.

Dans une circonstance aussi cruelle, Richard, soutenu par sa persévérance et son courage, **ne** désespéra point de sa position. Il voulut continuer de marcher, moins encore pour soutenir sa réputation commerciale que pour ne pas voir dans la détresse les vingt mille ouvriers qu'il occupait; mais lorsqu'il eut épuisé toutes les ressources dont il pouvait disposer il fut obligé de recourir à l'emprunt. Ceux qui lui prêtèrent leur concours le lui firent payer si cher, qu'au bout de peu de temps sa ruine fut consommée. Il se retira donc de la lutte sans fortune, mais toujours estimé. Qu'on juge de quel chagrin fut brisé le cœur honnête de Richard lorsqu'il dut changer l'honorable activité de son existence en un repos obscur; lorsque, après avoir goûté toutes les jouissances du luxe et de l'opulence, il fut en butte aux privations de la misère! Le malheur pesa cruellement sur lui, et bientôt son front, naguère si ouvert, se couvrit de rides; ses traits perdirent peu à peu leur énergie native. Il vécut triste et abandonné pendant près d'un quart de siècle. Ce ne fut que le 19 octobre 1839 que la mort vint mettre un terme à ses longues souffrances morales. Son

convoi fut populaire et grand. Un concours in-
nombrable de ces mêmes ouvriers dont il avait
été le protecteur et le père, accompagna sa
dépouille mortelle en versant des larmes sincères.

En l'honneur des deux associés qui avaient
fait tant de bien au faubourg Saint-Antoine, on
a donné le nom de Richard-Lenoir au boulevard
qui s'étend de la place de la Bastille au boulevard des Amandiers, en couvrant une partie
du canal Saint-Martin.

CHAPITRE III

MACHINES A VAPEUR

Salomon de Caus. — Denis Papin. — James Watt.
— Robert Fulton.

Une des conquêtes de l'esprit humain qui
doivent avoir les plus importants résultats est
sans contredit la découverte de la machine à
vapeur. Ce puissant moteur n'est pas seulement
dans les mains des hommes l'instrument le plus
puissant qu'ils aient inventé pour changer la
face du monde physique, il agit encore comme
un levier moral irrésistible qui doit activer les
progrès de la science et de la civilisation. Grâce
à la machine à vapeur, on peut aujourd'hui
pénétrer en quelques semaines dans les en-
trailles de la terre à des profondeurs où auparavant on n'arrivait qu'après un siècle de péni-

bles travaux; de vastes marécages sont rendus à la culture, des contrées fertiles soustraites à l'action périodique des miasmes délétères qu'y développait la chaleur du soleil d'été; en peu d'années, des parties de territoire qu'une aridité séculaire semblait condamner à rester le domaine des bêtes fauves se couvrent d'élégantes habitations; des hameaux deviennent des cités, des bourgs prennent place parmi les villes les plus vastes. Installée sur les navires, la vapeur y remplace au centuple les triples, les quadruples rangs de rameurs de nos pères, et quelques kilogrammes de charbon suffisent à l'homme pour maîtriser les éléments, se jouer du calme, des vents contraires et des tempêtes. Enfin, par elle les distances disparaissent, et nous la voyons, traînant à sa suite des milliers de voyageurs, des convois de marchandises, courir sur les chemins de fer avec beaucoup plus de vitesse que ne pourrait le faire le meilleur cheval chargé seulement de son modeste jockey.

La connaissance de la force de la vapeur de l'eau remonte à une assez haute antiquité, puisqu'il y a bientôt deux mille ans Héron d'Alexandrie, dont le nom est resté célèbre, imagina une machine à réaction décrite et représentée dans son traité intitulé : *Spiritalia seu Pneu-*

matica. Mais ces premières notions de l'antiquité sur les propriétés de la vapeur restèrent tout à fait stériles, et l'on est obligé de franchir un intervalle de près de vingt siècles pour voir des expériences précises et concluantes remplacer des conjectures dénuées de preuves.

La France et l'Angleterre, ces deux nations toujours rivales dans la carrière des découvertes, à l'exemple des sept villes de la Grèce qui s'attribuaient l'honneur d'avoir été le berceau d'Homère, se sont longtemps disputé l'invention de la machine à vapeur. Mais les faits et les dates incontestables ont enfin fait justice des prétentions de nos voisins d'outre-Manche et donné gain de cause à notre patrie. Après une longue suite de recherches, il est demeuré établi que l'honneur de cette découverte doit appartenir à un humble ingénieur presque totalement oublié des biographes, SALOMON DE CAUS.

Salomon de Caus ou de Caux naquit à Dieppe ou dans les environs en 1576. Après avoir fait de bonnes études scientifiques et artistiques, il passa en Angleterre, où il fut attaché à la maison du prince de Galles, frère du malheureux Charles Ier. La princesse Élisabeth, sœur de ces princes, ayant épousé en 1613 le prince palatin Frédéric V, emmena Salomon de Caus à Heidelberg en qualité d'ingénieur, et lui fit dessiner les magnifiques jardins du Frisenberg, détruits cinquante ans plus tard, dans les guerres qui désolèrent le Palatinat au XVIIe siècle. Salomon revint d'Allemagne vers 1620, et fut nommé ingénieur de Louis XIII ; il mourut à Paris le dernier jour de février 1626. Un écrivain a prétendu, en 1834, que l'habile ingénieur, ayant importuné Richelieu, avait été enfermé à Bicêtre par les ordres du cardinal, et qu'il y était mort fou en 1641. Cette fable, qui a eu trop de succès, a été démentie par son auteur.

Salomon de Caus est le premier qui trouva le principe de la machine à vapeur. Dans son livre intitulé *Raisons des forces mouvantes*, il décrit plusieurs moyens d'élever l'eau au-dessus de son niveau. L'un d'eux consiste à chauffer une chaudière remplie d'eau et à expulser cette eau par un tube qui plonge au fond du liquide, au moyen de la vapeur développée au sein de cet appareil. Dans cette machine, dit Arago, dès que la pression de la vapeur a produit son effet, un ouvrier remplace l'eau expulsée à l'aide d'un orifice situé à la partie supérieure de la sphère métallique ou chaudière, et qui s'ouvre ou se ferme à volonté. Cet appareil, qui aurait pu servir à l'épuisement de l'eau dans les mines, passa tout à fait inaperçu au moment

où il fut décrit, et personne ne vit que la chaudière de l'ingénieur normand pourrait être utilisée pour élever de grandes masses d'eau à
toutes les hauteurs imaginables.

Quarante-huit ans plus tard, le marquis de
WORCESTER crut pouvoir s'emparer de la découverte que la France n'avait pas su apprécier.
Voici, suivant la tradition, à quelle occasion
cette pensée s'offrit à lui. Gravement impliqué
dans les intrigues des dernières années du règne
des Stuarts, Worcester fut arrêté et enfermé
dans la Tour de Londres. Un jour, durant sa
détention, le couvercle de la marmite où cui-
saient ses aliments se souleva subitement. Le
prisonnier, frappé de l'étrange phénomène dont
il venait d'être témoin, s'imagina aussitôt que
la même force qui avait soulevé le couvercle
pourrait devenir en certaines circonstances un
moteur utile et puissant. Lorsqu'il eut recouvré
la liberté, il exposa, en 1663, dans un livre
intitulé *Century of inventions* (les Cent découvertes), les moyens par lesquels il entendait
réaliser son idée. Si l'anecdote de la marmite est
vraie, elle fait beaucoup d'honneur à l'esprit
observateur du prisonnier; mais ce qui autorise
à douter de son authenticité, c'est que Worcester, après s'être évadé de l'Irlande, où il avait
été emprisonné une première fois, s'était ré-

fugié en France, et que pendant le séjour qu'il y fit parut une édition de la *Raison des forces mouvantes*, par Salomon de Caus. On conçoit, d'après cela, qu'il n'est guère possible que Worcester, avant le soulèvement subit du couvercle de sa marmite, n'ait pas eu connaissance de la force dont la vapeur aqueuse est douée. Quoi qu'il en soit, l'Angleterre, par un sentiment de patriotisme qui l'honore et qui contraste singulièrement avec l'indifférence et l'injustice avec lesquelles nous accueillons les essais du talent, persiste encore à revendiquer pour elle la gloire de cette sublime invention. Mais l'honneur en appartient tout entier à notre infortuné compatriote.

A côté du nom de Salomon de Caus vient se placer celui de Denis Papin. Papin naquit à Blois en 1647, d'une famille protestante. Après avoir fait ses études médicales et pris le titre de docteur, il s'établit à Paris pour y exercer sa profession; mais, emporté par un goût irrésistible, il tourna bientôt tous les efforts de son esprit vers les travaux de physique expérimentale et de mécanique appliquée. A la fin de l'année 1675, après avoir publié un premier ouvrage sur le vide et sur les machines qui servent à le produire, il quitta Paris pour l'Angleterre, où il fut associé aux recherches de

Robert Boyle. C'est là qu'il imagina son *digesteur* ou *marmite de Papin*, appareil destiné à faire cuire les viandes à peu de frais et en peu de temps, au moyen de la vapeur surchauffée, et à extraire la gélatine des os. A cette marmite, Papin ajouta une soupape fermée au moyen d'une petite verge de fer qui, fixée par une de ses extrémités à une charnière, portait à l'autre bout un poids mobile à la manière des romaines. Cet appareil, connu aujourd'hui sous le nom de *soupape de sûreté*, constitue l'un des organes les plus importants de la machine à vapeur moderne, celui sans lequel on ne saurait la faire fonctionner avec sécurité.

Les travaux de Denis Papin lui avaient fait beaucoup d'honneur en France; mais la révocation de l'édit de Nantes, en 1685, lui ferma les portes de la patrie. C'est alors que le landgrave Charles, électeur de Hesse, lui offrit une chaire de mathématiques à Marbourg. Dans cette nouvelle situation le physicien français, qui cherchait toujours de nouveaux moyens de faire le vide pour utiliser la pression atmosphérique comme force motrice, eut une inspiration de génie, celle d'employer la vapeur d'eau à cet usage. Il construisit un corps de pompe parcouru par un piston mobile, et déposa au fond un peu d'eau; il échauffa ensuite le bas du corps de pompe avec un brasier. Dans cet appareil, l'eau arrive à l'ébullition, et la vapeur acquiert assez de puissance pour soulever le piston et le pousser jusqu'au haut de sa course. Cet effet obtenu, on éloigne le brasier, la vapeur se refroidit et se condense, le vide se fait par conséquent dans l'intérieur du cylindre; alors le piston, pressé par tout le poids de l'atmosphère extérieure, se précipite au fond du cylindre. On obtient donc ainsi deux mouvements en sens inverse : l'un de bas en haut, produit par l'expansion de la vapeur d'eau; l'autre de haut en bas, déterminé par la pression atmosphérique. Tel est le principe fondamental des machines que pour cela on appelle *machines atmosphériques.*

Cette première conception était loin d'être parfaite dans son exécution, et les mouvements du piston ne s'effectuaient qu'avec une lenteur désespérante, à cause de la nécessité d'attendre le refroidissement du corps de pompe et la condensation spontanée de la vapeur. Aussi la découverte de Papin fut-elle accueillie avec une indifférence glaciale. Le physicien français, doutant de lui-même, ne songea pas à perfectionner son moteur. Papin mourut en Angleterre, en 1714, pauvre et méconnu, sans avoir entrevu l'avenir réservé à sa conception.

Comme s'il eût été décidé par la Providence
que toutes les classes de la société dussent concourir à la création d'une machine dont le
monde entier devait profiter, en 1705, quinze
ans après la publication du premier mémoire
de Papin dans les *Actes de Leipzig*, deux simples artisans anglais du Devonshire, NEWCOMEN
et CAWLEY, l'un quincailler, l'autre vitrier à
Darmouth, apportèrent un perfectionnement à
la machine de Papin et la rendirent pratique.
Ils eurent l'idée de condenser la vapeur dans le
cylindre par des affusions d'eau froide. Dans la
machine nouvelle, une chaudière fournit la vapeur et l'envoie à la base du corps de pompe
pour soulever le piston; le corps de pompe est
enveloppé extérieurement d'une chemise métallique, dans l'intérieur de laquelle on fait couler
de l'eau froide pour refroidir le cylindre et condenser rapidement la vapeur; dès lors le piston
retombe au bas de sa course. Cette première
machine vraiment pratique fut aussitôt employée à l'épuisement des eaux dans les mines.
Elle était à peine installée, qu'une amélioration
capitale y fut introduite. Au lieu de refroidir
extérieurement le cylindre, on imagina de diriger un jet d'eau froide à l'intérieur même du
corps de pompe, à l'aide d'un tube se termi-
nant en pomme d'arrosoir. Grâce à ce perfec-

tionnement, la machine put donner huit à dix coups de piston par minute.

Tel est le mécanisme de la pompe à feu de Newcomen, dont le principe moteur est, à proprement parler, le poids de l'atmosphère, l'effet utile dépendant uniquement de la pression exercée par la colonne atmosphérique sur la tête du piston.

La *machine de Newcomen* (c'est ainsi qu'on l'appela) excita au plus haut point l'attention des propriétaires de mines; elle se répandit rapidement dans plusieurs comtés de l'Angleterre et y rendit de grands services. Toutefois la difficulté de sa manœuvre, la cherté de son entretien, auraient probablement fini par la réduire au rôle d'instrument de démonstration, si les travaux de Watt, ce Christophe Colomb de la mécanique et de l'industrie manufacturière de nos temps, n'étaient venus lui donner une perfection inespérée.

James Watt naquit à Greenock, en Écosse, le 19 septembre 1736, d'une famille honnête et industrieuse, mais peu favorisée des dons de la fortune. Son grand-père s'était distingué comme mathématicien, et son père était à la fois fournisseur d'appareils, d'ustensiles et d'instruments nécessaires à la navigation, entrepreneur de bâtisses et négociant. La complexion extrêmement délicate du jeune James semblait ne pas lui promettre un long avenir. Sa mère lui donna les premières leçons de lecture ; il apprit de son père à écrire et à compter, et fut ensuite placé dans une de ces modestes écoles publiques nommées en Angleterre *Grammar School,* où il resta jusqu'à seize ans.

Le jeune valétudinaire, dans l'impossibilité où il se trouvait de prendre une part active aux jeux bruyants de ses camarades, passait sa vie dans la retraite et le recueillement. C'est là que commencèrent à se développer ses hautes facultés intellectuelles qui devaient produire de si précieux fruits. Son père, guidé par une tendresse aussi sage qu'éclairée, avait mis à sa disposition un certain nombre d'outils, dont l'écolier se servait avec une adresse merveilleuse pour démonter et remonter les jouets d'enfants qui tombaient sous sa main, et même pour en exécuter de nouveaux. Toutefois ce n'était pas à cet amusement que se bornaient les occupations de James Watt. Des courses sur diverses montagnes de l'Écosse, sur les rives si célèbres du lac Lomond, développaient son goût pour la minéralogie et la botanique. Quand sa mauvaise santé le retenait sous le toit paternel, c'était principalement la chimie et la physique qui devenaient l'objet de ses expériences; il dévorait aussi avec une avidité surprenante les ouvrages de médecine et de chirurgie qu'il pouvait se procurer. Tel était son désir de s'instruire, qu'un jour il emporta dans sa chambre, pour la disséquer, la tête d'un enfant mort d'une maladie inconnue.

A dix-neuf ans, James songea à prendre un état; il alla se placer à Londres chez un constructeur d'instruments de mathématiques et de marine. Là, un travail opiniâtre l'ayant retenu toute une journée d'hiver près de la porte de l'atelier, il fut pris d'un rhume violent dont les médecins ne purent le guérir complètement. Il se décida alors à essayer les effets de l'air natal, retourna en Écosse, et résolut d'ouvrir à Glasgow un établissement pour son compte; mais des difficultés assez graves retardèrent l'exécution de son projet. Les corporations d'arts et métiers, s'appuyant sur leurs antiques privilèges, lui dénièrent obstinément le droit d'ouvrir le plus humble atelier. Il fallut que l'université de Glascow intervînt. Frappée de l'adresse, du zèle et de la douceur du jeune ouvrier, elle le prit sous sa protection, disposa en sa faveur d'un petit local dans ses propres bâti-

ments, lui permit d'en faire une boutique, et
l'honora du titre de son ingénieur. Les professeurs de l'université, parmi lesquels figuraient
les noms les plus célèbres, Adam Smith, Blach et
Robert Simpson, ne tardèrent pas à deviner tout
ce qu'il y avait de talent dans leur jeune protégé.
Son étroite boutique devint en peu de temps
une sorte d'académie où toutes les illustrations
de Glasgow venait discuter les questions les
plus délicates de l'art, de la science, de la litté-
rature, que le jeune ouvrier de vingt ans savait
éclaircir avec une justesse d'idées, une supériorité de raisonnement qui faisaient l'admiration de tous les assistants. Les élèves ne se
montrèrent pas moins empressés que les professeurs à rechercher l'intimité de Watt : ce fut
à cette époque qu'il se lia avec le jeune Robison, devenu depuis si célèbre par ses travaux
dans les mathématiques, de cette amitié étroite
qui ne devait être rompue que par la mort.

En 1765, Watt renonça à son modeste loge-
gement de l'université, et s'établit dans Glasgow
même en qualité d'ingénieur civil. L'année suivante, il épousa sa cousine, Mlle Miller, personne accomplie, dont l'esprit distingué, la
douceur inaltérable, le caractère enjoué, l'ar-
rachèrent à l'indolence, au découragement et à
la misanthropie qu'entretenait chez lui son état

constant de maladie. Pendant quelque temps il fut employé à d'importants travaux relatifs aux canaux et aux ports; mais une circonstance heureuse vint bientôt donner une nouvelle direction à son génie, et faire naître l'époque la plus brillante de sa vie.

Son jeune ami Robison lui avait souvent parlé du projet qu'il avait conçu d'appliquer les machines à vapeur au mouvement des voitures, et l'avait engagé à s'occuper lui-même de leur perfectionnement. Plusieurs tentatives faites par l'artiste en 1759, 1761, 1762, n'avaient amené aucun résultat satisfaisant; mais en 1764, de nouveaux essais prirent beaucoup de consistance. Il y avait dans la collection de l'université de Glasgow un petit modèle de la machine à vapeur de Newcomen, qui jamais n'avait pu fonctionner convenablement. Les professeurs chargèrent Watt de le réparer. Sous la main puissante de l'artiste, les vices de construction disparurent, et l'appareil put alors manœuvrer dans les amphithéâtres, aux yeux des étudiants émerveillés.

En examinant cette machine de plus près, Watt ne tarda pas à reconnaître les moyens de la perfectionner. Dans l'appareil de Newcomen, l'eau employée pour opérer la condensation de la vapeur dans l'intérieur du corps de pompe,

refroidit notablement les parois du cylindre, et
la nouvelle vapeur qui y est introduite est
perdue en partie, parce qu'elle doit réchauffer
le cylindre aux dépens de son propre calorique,
ce qui amène sa condensation partielle. Le
jeune ingénieur constata que le modèle de
l'université de Glasgow, à chaque mouvement
du piston, absorbait ainsi un volume de vapeur
plusieurs fois supérieur au volume du cylindre.
Pour parer à ce grave inconvénient, Watt
imagina de faire chasser par le mouvement
descendant du piston la vapeur utilisée dans
un récipient spécial qu'il nomma *condenseur*,
parce que c'est là qu'elle opérait sa condensation. L'invention du *condenseur isolé*, ne com-
muniquant avec le cylindre que par un tube,
fut un trait de génie : dès lors le corps de
pompe n'étant plus refroidi par des affusions
d'eau froide, ne consomma plus de vapeur
pour se réchauffer, et il en résulta une économie considérable de combustible; en même
temps, la vapeur utilisée étant chassée subitement dans le condenseur par le jeu du piston,
le mouvement de la machine acquit une rapidité
inconnue jusque-là. Watt ajouta à sa machine
une pompe mue par le balancier, qui servait
à épuiser l'eau à mesure qu'elle avait servi à
opérer la condensation.

C'est cet ingénieux procédé et l'invention du condenseur qui forment le premier titre de Watt à l'admiration et à la reconnaissance de la postérité. En poursuivant ses recherches sur les moyens d'économiser la vapeur, il inventa bientôt sa machine *à- double effet*. Au lieu de se borner à faire agir la vapeur sur la face inférieure du piston pour le soulever, il la dirigea alternativement au-dessous et au-dessus de celui-ci, de manière à opérer par la seule action de la vapeur son élévation et sa chute. Il établit les communications entre le cylindre et le condenseur, de telle sorte que la vapeur contenue dans la cavité située au-dessus du piston s'écoulait dans le condenseur au moment même où le piston était arrivé au bas de sa course ; dès lors la vapeur, arrivant au-dessous du piston, ne trouvait aucune résistance pour le soulever ; et *vice versa,* la vapeur contenue au-dessous du piston communiquait elle-même avec le condenseur, aussitôt que le piston arrivé au sommet de sa course, allait se mettre à redescendre. Le double mouvement du piston était donc dû uniquement à la pression de la vapeur en sens inverse, ce qui établissait une différence radicale entre cette nouvelle machine et la machine de Newcomen, où le mouvement descendant du piston est déterminé par la pression atmosphérique. La *machine à double effet* consomme deux fois plus de vapeur, il est vrai; mais elle compense largement ce surcroît de dépense par la succession plus rapide de ses effets utiles.

Cet appareil ainsi perfectionné, outre l'économie réelle et le redoublement de force, venait d'acquérir une régularité et une précision mathématiques qui donnaient un caractère tout nouveau à une découverte qui languissait sans résultat depuis un demi-siècle : la machine à vapeur était complète.

Au génie créateur Watt ne joignait pas cette force de caractère, cette persistance de volonté qui surmonte tous les obstacles. Il était d'ailleurs peu communicatif, peu répandu dans le monde, et ne prenait aucune peine pour se faire valoir. Deux années étaient déjà écoulées depuis son invention capitale, et à peine avait-il fait quelques démarches pour essayer de l'appliquer en grand. S'il eût vécu en France, où, en thèse générale, on consent si difficilement à comprendre les efforts du génie, et où semble avoir pris naissance le proverbe : « Nul n'est prophète dans son pays[1], » la raillerie et l'in-

---

[1] Témoin l'ingénieur Brunel, qui, désespérant de voir son génie apprécié parmi nous, est allé le mettre au service de l'Angleterre, et qui a conçu l'idée gigantesque du tunnel sous la Tamise.

crédulité publiques se fussent probablement
liguées contre lui ; peut-être même l'eût-on
traité de fou ; mais en Angleterre, cette terre
classique du patriotisme réfléchi, on ne procéda
pas ainsi. Lorsqu'on sut que Watt avait perfectionné la machine de Newcomen, l'opinion
s'émut, non de scepticisme, mais d'espoir ; elle
se montra tout ardente du désir d'être persua-
dée. L'œuvre de l'ingénieur fut passée au creu-
set d'un examen consciencieusement attentif, et
de ce qu'un homme se proclamait novateur on
ne conclut pas qu'il devait avoir perdu la raison. Bien plus, il arriva qu'un de ces hommes
comme il y en a trop peu dans tous les pays,
qui se vouent tout entiers au progrès de l'industrie, vint aider Watt et mettre son innova-
tion en pratique. C'était le docteur Roebuck,
fondateur de la célèbre usine de Caron, près
d'Édimbourg. L'ingénieur et l'homme à projets
s'associèrent : Watt céda au docteur les deux
tiers de la patente qu'il avait prise ; une machine
exécutée d'après les nouveaux principes confirma toutes les prévisions de la théorie ; le succès fut complet, et il n'y eut pas assez de voix
pour louer l'habile ingénieur. Mais la fortune
du docteur ne tarda pas à essuyer de graves
échecs, et Watt se vit forcé de renoncer à sa
découverte. Dans cette circonstance, la sérénité

de son caractère, la modération de ses désirs,
sa modestie brillèrent de tout leur éclat. Au lieu
de s'exposer aux stupides dédains des financiers,
il plia de nouveau son génie supérieur à des
levers de plans, à des nivellements minutieux,
à de fastidieux tracés de maçonnerie, c'est-à-dire
qu'il se fit ingénieur-arpenteur.

Le monde était donc menacé d'être privé
d'une invention immortelle, lorsque les amis
de Watt, après avoir vaincu son indifférence,
le mirent en relation avec Matthew Bolton, de
Soho, près de Birmingham, homme d'entreprise et d'activité. Ce riche manufacturier a des
droits à la reconnaissance publique pour le zèle
qu'il mit en cette circonstance à protéger une
entreprise dans laquelle il eut plus à cœur la
gloire et le bien de son pays que le désir d'accroître sa fortune. Il possédait un million et
demi, et le mit à la disposition de Watt, en le
priant de le convertir en machines. Les deux
associés demandèrent d'abord au parlement
une prolongation de privilège ; car la patente
de Watt, qui datait de 1769, n'avait plus que
quelques années à courir. Après une discussion
des plus vives, un bill fut rendu qui leur accordait une nouvelle durée de vingt-cinq ans. Aussitôt ils commencèrent cet établissement modèle
qui devint plus tard pour les mécaniciens et les

ingénieurs une sorte d'École polytechnique, vi-
sitée par tous les étrangers savants ou curieux
qui parcouraient l'Angleterre. La colline stérile
de Soho, où l'œil du voyageur apercevait à peine
la hutte d'un garde-chasse, se couvrit de beaux
jardins, de somptueuses habitations et d'ateliers de tous les genres. On y construisit des
pompes d'épuisement de la plus grande dimension. Ces machines faites, Watt et Bolton an-
noncèrent qu'ils les donneraient gratuitement
à qui voudrait en prendre. Ils firent plus : ils
s'engagèrent à faire monter et entretenir à
leurs frais les machines qu'on aurait acceptées
gratuitement. Ce qu'on serait tenté de prendre
pour un conte ou une plaisanterie n'était pourtant qu'une belle spéculation que l'on compren-
dra facilement. La machine de Watt avait un
avantage marqué sur celle de Newcomen : elle
brûlait trois fois moins de combustible. Watt et
Bolton demandèrent que tous ceux qui consen-
tiraient à se laisser gratifier d'une de leurs machines leur accordassent pour toute rémunéra-
tion un tiers de l'argent que le nouveau procédé
économisait sur le combustible. Beaucoup de
compagnies de mines agréèrent une si modeste
proposition. Après six mois d'expérience, une
de ces compagnies, celle de *Chace-Water*, dans
le Cornouailles, qui employait trois des ma-

chines perfectionnées, supplia Bolton et Watt de la relever, moyennant une compensation quelconque, des engagements qu'elle avait contractés avec eux. Les deux associés se montrèrent de bonne composition : ils annulèrent l'engagement et se contentèrent pour l'avenir d'une rente de 6,000 livres sterling (150,000 francs), que la société s'estima heureuse de leur payer.

On ne devrait à Watt que les inventions qui ont un rapport immédiat avec la machine à vapeur, qu'il mériterait encore d'occuper une des premières places parmi les bienfaiteurs de l'humanité ; mais sa longue carrière ne fut pas exclusivement consacrée à cet objet si important ; son nom se rattache aussi avec éclat à la plus grande, à la plus féconde découverte de la chimie moderne, à la découverte de la composition de l'eau. Doué d'une incomparable fécondité d'invention, il imagina la presse à copier, cet instrument si utile, si généralement adopté dans nos comptoirs ; et, après un voyage qu'il fit en France en 1786, il introduisit dans sa patrie le blanchissage à l'aide du chlore, cette belle invention de notre compatriote Berthollet. Enfin rien de ce qui pouvait être utile aux hommes n'était étranger au célèbre ingénieur. Il fut un des fondateurs de l'*Institution pneumatique,* établie à Clifton, près de Bristol, institution qui avait pour but d'employer comme médicaments les nombreuses substances gazeuses qui jouent aujourd'hui un si grand rôle dans l'application des phénomènes chimiques. Watt imagina même, décrivit et exécuta dans les ateliers de Soho les appareils qui servaient à engendrer les gaz et à les administrer aux malades.

Au commencement de 1800, époque où expirait le privilège conféré par le parlement, Watt, sentant le besoin du repos, se retira entièrement des affaires et se fit remplacer par son fils dans la fabrique de Soho, qui continua à prospérer et prit même de nouveaux et importants développements. Possesseur d'une fortune considérable, fruit de ses utiles travaux, il se retira près de Birmingham, dans une terre nommée Heathfield, dont il avait fait l'acquisition vers 1790. Ce fut là que le patriarche de l'industrie britannique, toujours bienveillant, modeste et réservé comme au temps où, simple ouvrier, il nettoyait les appareils de l'université de Glasgow, passa paisiblement le reste de ses jours dans la société d'un petit nombre d'amis et de sa seconde femme, miss Mac-Gregor, qu'il avait épousée en 1775. Sa santé s'était fortifiée avec l'âge, et telle était la puissance de

ses facultés intellectuelles, qu'à soixante-onze
ans il apprit l'idiome anglo-saxon aussi rapidement et aussi facilement qu'un jeune homme
de dix-huit ans. En 1817, il voulut revoir sa
terre natale, et fit un voyage en Écosse. A son
retour, sa santé s'affaiblit considérablement, et
de ce moment, sans se faire illusion, il avertit
lui-même son fils et sa femme de l'événement
inévitable qui se préparait. Bientôt tous les efforts
de la médecine furent impuissants. Il mourut
le 25 août 1819, au commencement de sa
quatre-vingt-troisième année.

Watt fut enterré à côté de l'église paroissiale
de Heathfield. Son fils, dont les nobles sentiments firent pendant vingt-cinq ans la joie
d'un père tendrement aimé, lui a fait construire un splendide monument gothique, au
centre duquel s'élève une admirable statue en
marbre, ouvrage du sculpteur Chantrey. Le
même artiste a exécuté deux autres statues, reproduction fidèle des nobles traits du vieillard :
l'une, en marbre, décore une des salles du *Musée Hunthérien* à Glascow ; l'autre, en bronze,
domine, sur une belle base de granit, un des
angles de *George-Square* dans la même ville.
On voit par là combien cette capitale de l'industrie écossaise est fière d'avoir été le berceau
des découvertes de Watt. Greenock n'a pas non

plus oublié qu'elle vît naître l'illustre méca-
cien : ses habitants ont fait exécuter à leurs frais
une statue en marbre pour perpétuer le souvenir de leur concitoyen. Récemment enfin, à la
voix imposante de l'opinion publique, le gouvernement, qui n'avait pas même songé à
appeler à la pairie, de son vivant, le nouvel
Archimède, le bienfaiteur de l'humanité tout
entière, dont les générations futures béniront
éternellement la mémoire, s'est décidé à lui
ouvrir les portes de l'abbaye de Westminster.
On admire dans le panthéon anglais une statue
colossale de Watt, en marbre de Carrare, et
dont le piédestal porte une inscription de lord
Brougham. Cette statue, nouveau chef-d'œuvre
du ciseau de Chantrey, est le produit d'une
souscription à laquelle a concouru tout ce que
l'Angleterre renferme d'hommes distingués
dans tous les genres.

Des titres académiques ne sauraient rien
ajouter à la renommée de Watt. Disons cependant que les principales sociétés savantes de
l'Europe, celles d'Edimbourg et de Londres,
par exemple, s'empressèrent de l'admettre
parmi leurs membres. L'Institut de France lui-
même, malgré le duel à mort engagé entre les
deux pays, le choisit, en 1808, pour un de ses
correspondants, et lui fit, en 1814, le plus

grand honneur qui soit dans ses attributions :
il le nomma un de ses huit associés étrangers.

La machine à vapeur une fois perfectionnée,
il était réservé à la science de maîtriser, de diriger cette force mystérieuse de manière à en
utiliser les importants résultats pour la navigation. Les auteurs des premiers essais dans
ce genre d'application sont encore deux Français. Dès 1785, Jacques-Constantin PÉRIER,
animé d'une ardeur sans égale pour les perfectionnements mécaniques et d'un amour éclairé
de la patrie, avait entrepris de résoudre le problème. Profitant des observations de l'Anglais
Jonathan Bull, qui avait indiqué quelques années auparavant des roues à palettes mues par
une machine à vapeur, comme un moyen de faire
marcher les navires sans vent et sans voiles,
l'illustre mécanicien avait fait construire un
bateau pourvu de cette machine ; mais ce premier essai, regardé comme une sublime rêve-
rie, ne fut suivi d'aucun succès. Tandis que
le riche capitaliste, dans ses vastes ateliers et
sous les auspices de l'Académie des sciences,
cherchait à réaliser sa chimère, le marquis de

5*

Jouffroy, à 400 kilomètres de Paris, au milieu d'obstacles de tout genre, sans autre aide qu'un chaudronnier de village, parvenait, en 1776, à faire naviguer un bâtiment à vapeur sur le Doubs. L'appareil nageur consistait en tiges de 2 mètres 75 centimètres de longueur de chaque côté vers l'avant, portant à leur extrémité des châssis armés de volets, et le moteur était une pompe à feu ou machine à simple effet, dont le piston communiquait aux tiges par une chaîne et une poulie de renvoi. Mais l'esprit étroit de province fit peu de cas de cette tentative. Le ridicule, cette arme qui presque toujours tue en France, ne lui fut pas épargné. Dans toute la Franche-Comté, on ne désigna plus le marquis que sous le nom de *Jouffroy la pompe*. Il persévéra pourtant toujours. Il reconnut les défauts de son premier bateau, les corrigea, et, en 1783, un nouveau pyroscaphe de 46 mètres de longueur sur 5 de largeur remonta, de Lyon à l'île Barbe, le courant de la Saône en présence de milliers de spectateurs. Après une épreuve aussi décisive, Jouffroy songea à exploiter son admirable découverte, mais il rencontra un obstacle invincible dans la légèreté des ministres d'alors. Abasourdi par la fin de non-recevoir qu'on opposa à sa demande d'un privilège, sous pré-

texte que son bâtiment n'était pas assez solide,
il n'essaya plus de se raidir contre les difficultés
sans cesse renaissantes, et, la révolution étant
venue, il fut un des premiers à émigrer. Quelques amis lui conseillèrent alors d'offrir son
invention à l'Angleterre, où Watt et Watt-
Brough venaient de faire subir à la pompe à
feu de graves changements qui en ont fait la
machine à vapeur. Son patriotisme s'y refusa,
et cependant justice ne devait point lui être
rendue dans son pays de son vivant. L'émigré,
de retour de la terre d'exil, ne possédait plus
que quelques minces débris de fortune. A la
faveur de la paix, la cupidité mercantile lui
offrit ce que l'opinion, les académies et les ministres lui avaient refusé : il vit se former à
Paris une société pour exécuter ses plans. Malheureusement la concurrence fut fatale à cette
entreprise, et la lueur de bonheur qu'avait un
instant entrevue Jouffroy ne fut qu'un éclair.
Il retomba dans l'oubli, et mourut en 1832,
frappant exemple à joindre à ceux qui prou-
vent la vérité de la devise : *Sic vos non vobis.*
Ce n'était que huit ans plus tard que l'Académie des sciences devait réparer l'iniquité qu'elle
avait commise un demi-siècle auparavant. Le
1er novembre 1840, un savant rapport de
M. Cauchy proclama Jouffroy comme l'un des

hommes qui ont possédé au plus haut degré le génie de la mécanique, et le véritable inventeur des pyroscaphes.

L'Angleterre ne tarda pas à se lancer dans la carrière qui venait de lui être ouverte par les mécaniciens français. MILLER, en 1791, lord STANHOPE, en 1796, M. SMINGTON, en 1808, se livrèrent à des expériences nautiques par le même moyen. Mais c'est à un Américain, à Fulton, que l'univers devait être redevable de la première application réelle de cette grande découverte, l'un des prodiges de notre temps.

ROBERT FULTON naquit, en 1760, à Little-Britain, comté de Lancastre, en Pensylvanie, d'une famille pauvre. Ses parents étaient de malheureux émigrés irlandais chassés de leur pays par les persécutions de l'Angleterre. Fulton n'avait encore que trois ans lorsqu'il perdit son père, qui ne laissa qu'un très mince héritage à partager entre sa femme et cinq enfants. Aussi Robert ne reçut-il qu'une éducation fort incomplète dans l'école de son village : il ne put y apprendre qu'à écrire et à compter. Mais son génie précoce suppléa aux connaissances qu'il lui fut impossible d'acquérir. Rarement il se mêlait aux jeux de ses camarades; il employait ses heures de récréation à étudier, et,

les jours de congé, il visitait les ateliers des
artisans, dessinait ou travaillait à quelque ouvrage mécanique. A treize ans, sa mère l'envoya
à Philadelphie, où il rentra chez un joaillier pour
apprendre cette profession. Là, malgré ses occupations, malgré le dénuement le plus complet,
il trouva cependant le moyen d'étudier la peinture. Ses progrès dans cet art furent si rapides,
qu'avant d'avoir atteint l'âge de dix-sept ans il
se faisait déjà un assez joli revenu de la vente de
ses paysages et de ses portraits, qu'il colportait
d'auberge en auberge et jusque dans les rues, et
que dans l'espace de quatre ans il amassa une
somme suffisante pour payer une petite ferme
que sa mère faisait valoir. Ce fut à cette époque
qu'étant allé visiter les Sources-Chaudes en Pensylvanie, il rencontra M. Samuel Scorbitt et plusieurs autres personnages de distinction qui y
étaient venus prendre les eaux, et qui, frappés
de son talent en peinture, lui conseillèrent de
se rendre à Londres, où il trouverait dans
West, le célèbre peintre d'histoire, son compatriote, un maître habile et un protecteur généreux. Fulton suivit leur conseil. M. Scorbitt lui
ayant fourni les moyens d'entreprendre le
voyage, il s'embarqua à New-York, et fit voile
pour l'Angleterre.

L'espoir qu'il fondait sur la protection de

West ne fut point déçu : à son arrivée, l'artiste l'accueillit comme un élève et un ami. Après avoir passé quelques années sous ce grand peintre, Fulton, désespérant de parvenir à la célébrité de son art, entraîné d'ailleurs par un penchant irrésistible, quitta tout à coup les pinceaux pour se livrer exclusivement à la mécanique. Il y avait alors en Angleterre un riche Américain, M. James Rumsey, qui s'occupait avec une louable ardeur à rechercher les moyens de transporter dans sa patrie la machine à vapeur et les autres inventions utiles des Anglais. Fulton fit sa connaissance, et cette circonstance ne contribua pas peu à hâter le développement de ses facultés inventives. Dès 1793, il proposa au gouvernement anglais un projet d'amélioration pour les canaux, qui ne fut point accueilli. Peu de temps après il présenta à la société d'encouragement de l'industrie et du commerce un moulin de son invention pour scier et polir le marbre, des machines pour filer le chanvre et faire des cordages. Quelques lettres de félicitation de la part des sociétés savantes, et trois ou quatre brevets d'invention furent tout ce que lui valurent ces premiers travaux.

Pensant trouver plus d'encouragement en France, Fulton vint à Paris vers la fin de 1796. Le poëte Joël Barlow, alors ambassadeur des

États-Unis près la république française, l'accueillit de la manière la plus généreuse, et ne
voulut pas qu'il eût d'autre demeure que son
hôtel. Dès lors fut cimentée entre le plus illustre
des poètes américains et le premier ingénieur
du nouveau monde cette amitié sincère qui
devait durer autant que leur vie. A l'époque où
Fulton arriva à Paris, la découverte des pano-
ramas, récemment faite par le peintre Robert
Barker, d'Édimbourg, occupait tous les esprits;
bientôt une association se forma pour faire
jouir la capitale de la France d'un de ces tableaux, vrai triomphe de la perspective. Cette
entreprise, à laquelle Fulton prit part non seulement comme artiste, mais encore comme
intéressé, lui procura des bénéfices considérables, qui le mirent à même de continuer ses
études de mathématiques; en même temps il
entra en relation avec des savants de l'Institut,
des ingénieurs civils et militaires dont la con-
versation et les écrits étendirent considérablement le cercle de ses idées.

En 1790, Fulton, dans le but de changer le
système de guerre des Européens, s'attacha à
découvrir si la science mécanique ne pourrait
pas fournir un moyen de forcer la nation la
plus forte à partager avec la plus faible l'empire
des mers. Il fit à Paris quelques essais sur la

manière de diriger entre deux eaux et de faire
éclater à un point donné des bombes remplies
de poudre ; mais il échoua dans cette entreprise, aussi bien que dans celle d'employer des
bateaux sous-marins pour conduire des pétards
sous la carène des vaisseaux. Fulton ne se
découragea point : il perfectionna son *torpedo*
et son *nautilus*, noms qu'il avait donnés à sa
bombe et à son bateau sous-marin, et les offrit de nouveau au Directoire. S'il ne réussit
pas mieux que la première fois, il eut du
moins la satisfaction de voir ses inventions
approuvées par la commission qui avait été
chargée de les examiner.

Fulton ne se tint pas pour battu. Lorsque
Bonaparte eut été revêtu de la dignité de premier consul, il lui écrivit pour obtenir les fonds
nécessaires à la construction d'un bateau sous-
marin, et pour qu'une nouvelle commission
examinât ses expériences. Cette double requête
eut tout son effet. Le bateau fut construit, et
Volney, Monge et Laplace furent commis pour
faire un rapport sur l'invention de l'ingénieur
américain. Dans une de ces excursions sous-
marines, Fulton resta sous l'eau, sans renou-
vellement d'air, pendant trois heures, et, dans
une autre, cinq hommes purent demeurer six
heures dans le bateau plongeur, et en sortir à

20 kilomètres du point de départ. Sur le rapport favorable des savants examinateurs, Fulton fut envoyé à Brest. Là, en présence de l'amiral Villaret-Joyeuse, il alla attacher son *torpedo* contre le flanc d'un vieux navire mouillé dans la rade, et réussit à le faire sauter en l'air à une hauteur prodigieuse. Il épia ensuite l'occasion de renouveler l'expérience contre un des vaisseaux anglais alors en croisière sur la côte. Il attendit vainement tout un été, aucun bâtiment ne s'approcha suffisamment de terre, et il fut obligé de renoncer à son projet. Bonaparte, chez qui le goût des innovations diminuait à mesure que sa puissance s'accroissait, s'impatienta du retard, et retira sa protection à une découverte qui aurait pu lui ouvrir le chemin de l'Angleterre.

Ce pays ne tarda pas à s'émouvoir du séjour de Fulton en France. Lord Stanhope parla de ses découvertes à la chambre des lords, et, sur sa demande, un rapport fut adressé au premier ministre, lord Sidmouth, pour l'engager à faire revenir l'habile ingénieur. Fulton ne se décida pas à accepter immédiatement les offres du gouvernement anglais. Profitant des expériences de Jouffroy, il s'occupait depuis longtemps de construire un *steam-boat,* ou bateau à vapeur, sous le patronage de M. Livingston, ambassa-

deur américain à Paris. Lorsque ce bateau,
qui, à quelques perfectionnements près, reproduisait en grand le modèle Jouffroy, fut
achevé, il en fit avec succès l'épreuve sur la
Seine, près de l'île des Cygnes, en présence des
membres de l'Institut et d'un concours nombreux de spectateurs. C'était le germe du grand
projet qu'il réalisa plus tard. Dans cette circonstance, Bonaparte se montra encore plus incrédule que pour les bateaux sous-marins. Lorsque
Fulton essaya de lui expliquer les avantages
qu'il pourrait obtenir de l'application de la vapeur à la navigation pour opérer une descente
en Angleterre, Bonaparte lui tourna brusquement le dos, et le traita de rêve-creux. Il ne
prévoyait pas que, vingt ans plus tard, les merveilles de cette puissance auraient ouvert une
ère nouvelle aux peuples, et qu'un jour son
cercueil, rendu à la France, serait ramené
triomphalement à Paris par un de ces mêmes
bateaux qu'il jugeait impossibles.

N'ayant plus rien à attendre de la France,
Fulton alla offrir au gouvernement britannique
son système de navigation sous-marine. Pitt,
alors premier ministre, et qui n'avait qu'un but
en rappelant l'ingénieur américain, celui de
priver la France de ses services, ne goûta pas
beaucoup une invention qui pourrait un jour

ruiner la puissance maritime de l'Angleterre ;
il se borna à faire offrir à son auteur de lui en
acheter le secret moyennant une pension. Mais
c'était se méprendre étrangement sur le caractère de Fulton. Sa réponse aux agents anglais
fut brève et digne. « Jamais, dit-il, je ne con-
sentirai à priver ma patrie de mes inventions
lorsqu'elle en aura besoin. Son indépendance
et sa sûreté me sont trop chères pour que, lors
même que vous m'offririez vingt mille livres
sterling par an, je me dessaisisse jamais de
mon secret. »

Voyant donc qu'il n'y avait pour lui que
mécomptes et dégoûts dans la vieille Europe,
Fulton se décida à retourner en Amérique. Il
s'embarqua pour New-York, où il arriva au
mois de novembre 1806. A cette époque, l'esprit public aux États-Unis se montrait fort
irrité contre l'Angleterre, dont un vaisseau venait, en violation du droit de neutralité, d'attaquer une frégate américaine, et tout faisait
présager une collision prochaine entre les deux
peuples. Fulton s'empréssa de faire connaître
à ses compatriotes et de perfectionner son
système de *torpedo*; il fit, aux frais du gouvernement, dans le port de New-York plusieurs expériences qui furent couronnées d'un
plein succès; puis, réfléchissant aux avantages

incalculables qu'un pays nouveau et vaste
comme les États-Unis, coupé de lacs et de
fleuves navigables, abondant en combustibles,
devait retirer de la navigation à la vapeur, il
s'occupa, toujours avec le concours de M. Livingston, de construire un bateau de ce genre
pour naviguer sur l'Hudson. Ce fut au mois
d'août 1807 que le *Claremont* fut essayé. Ce
jour fut le plus heureux de la vie de Fulton. Il
était monté sur son bâtiment au milieu des rires
et des huées de la multitude ignorante et incrédule ; mais lorsqu'on vit le *Claremont* s'éloigner du quai et parcourir majestueusement le
fleuve à l'aide de ses puissantes nageoires,
l'étonnement et l'admiration remplacèrent l'in-
crédulité, et son départ fut salué par des acclamations et des applaudissements frénétiques.

Après quelques changements indispensables, l'énorme machine put aller et revenir de
New-York à Albany, d'Albany à New-York en
trente-deux heures. Dans ces deux traversées,
qui s'exécutèrent de nuit et de jour, cette masse
gigantesque jeta la terreur parmi les habitants
des rives de l'Hudson et parmi les équipages
des navires qui se trouvaient sur son passage.
Les marins, étonnés de cette longue fumée qui
s'élevait dans les airs, et entendant le bruit des
roues qui frappaient l'eau à coups redoublés, se

précipitèrent à fond de cale pour se dérober à
cette effrayante apparition ; les plus hardis se
prosternèrent sur le pont, implorant la Providence contre l'horrible monstre qui dévorait
l'onde houleuse. Plusieurs mois s'écoulèrent
avant que ces frayeurs puériles eussent disparu.

La cause de la vapeur appliquée à la navigation était désormais gagnée. Enhardi par ce
premier succès, Fulton entreprit de nouveaux
bateaux, qui tous réussirent également, et aujourd'hui des milliers de bâtiments à vapeur
sillonnent les fleuves, les lacs et les mers des
États-Unis. Mais il était dans la destinée de
l'illustre ingénieur de rencontrer partout des
obstacles. Afin que sa découverte ne restât pas
stérile, il avait, de concert avec le respectable
chancelier Livingston, acquis le privilège exclusif de la navigation sur plusieurs rivières.
Bientôt il vint d'autres bateaux s'établir en concurrence avec les siens. Il eut même la douleur,
dans un des nombreux procès qu'il fut obligé
d'intenter pour faire respecter ses droits, d'entendre l'avocat de sa partie adverse lui contester
la gloire d'avoir le premier établi utilement la
navigation par la vapeur. Sa constitution délicate et sa sensibilité nerveuse ne purent résister
à tant d'injustices et aux fatigues qu'il eut à

supporter pour soutenir son procès. En reve-
nant de Trenton, où il était aller plaider, il lui
fallut traverser l'Hudson, alors couvert de glaces, et rester exposé pendant plusieurs heures
à toutes les intempéries de la saison la plus rigoureuse. C'en fut assez pour déterminer une
fièvre inflammatoire très grave, dont les médecins cependant parvinrent à se rendre maîtres ; mais à peine entrait-il en convalescence,
qu'il voulut aller inspecter les travaux d'une
frégate à vapeur, véritable forteresse flottante
qu'il faisait construire pour la défense des
ports de l'Union. La fièvre le reprit avec
un redoublement d'intensité, et l'enleva, le
24 février 1815, à l'âge de quarante-neuf ans.
Jamais la mort d'un simple citoyen n'excita
de regrets plus universels. Dès que cette triste
nouvelle se fut répandue, la douleur publique
se manifesta d'une manière éclatante. Les
journaux revêtirent des signes de deuil. Les
corporations et toutes les autorités de New-
York, les diverses sociétés savantes décidèrent
qu'elles assisteraient à ses funérailles, et que
tous leurs membres porteraient le deuil pendant trente jours. Le sénat lui-même s'associa
au sentiment général en déclarant que le deuil
serait également porté par les deux chambres.

Ainsi s'éteignit, encore dans la vigueur de

l'âge, ce grand homme sorti des derniers rangs de la société, privé de toute éducation première, qui, sans autre guide que son intelligence naturelle et avec une persévérance presque surhumaine, poursuivit les projets les plus gigantesques, et qui, s'il eût vécu vingt ans de plus, eût peut-être accompli de plus grandes choses encore. Doué des sentiments les plus nobles et de la conscience la plus droite, Fulton manifesta toujours un éloignement très prononcé pour toute charge publique ; aussi ne laissa-t-il que sa gloire pour héritage à ses enfants.

Fulton mourut vingt-huit ans avant le triomphe complet de ses idées par l'établissement de la navigation internationale à vapeur. C'est seulement en 1838 que l'industrie anglaise osa construire un navire destiné à passer en Amérique par le seul secours de la vapeur, et à braver les tempêtes de l'Océan. Le *Great-Western,* aménagé à cette intention, était un vaisseau long de 240 pieds, jaugeant 1.340 tonneaux et muni de deux machines de la force de 450 chevaux. A l'annonce de son prochain départ, une autre compagnie se décida à tenter la même aventure, et fit disposer le *Sirius,* grand navire à vapeur de 700 tonneaux et de la force de 320 chevaux.

Le 5 avril 1838, le *Sirius* partit de la rade de Cork, en Irlande, muni de 453 tonneaux de charbon. Trois jours après, le *Great-Western* appareillait à Bristol pour New-York avec 660 tonneaux de charbon. Sept passagers seulement s'étaient décidés à affronter les périls de la traversée. Le 23 avril, le premier vaisseau était en vue de New-York, après un voyage de dix-sept jours. Quand il pénétra dans la rade, il fut salué par les acclamations de la foule, par les canons de l'île Bradlow, et par le carillon de toutes les cloches. L'enthousiasme de la population était à son comble. Cette effervescence n'avait pas eu le temps de se calmer, que le *Great-Western* à son tour faisait son apparition. Le problème de la navigation internationale à vapeur était résolu, et les immenses distances opposées par les mers aux efforts des hommes étaient vaincues par le génie de Fulton.

CHAPITRE IV

MÉCANIQUE — HORLOGERIE

§ 1er

Archimède.

On ne peut songer à l'histoire et aux progrès de la mécanique sans que le nom populaire d'Archimède vienne se présenter le premier à l'esprit. La réputation que cet homme extraordinaire s'était faite dans l'antiquité, et qui s'est perpétuée jusqu'à nos jours, n'est, au reste, que la juste récompense des travaux et des inventions de ce génie prodigieux.

Archimède naquit à Syracuse, d'une famille distinguée, vers l'an 287 avant l'ère chrétienne. Hiéron, son souverain et son ami, qui était même son parent, si l'on en croit l'assertion de quelques historiens, aimait à s'entretenir avec lui sur la théorie et la pratique des sciences qu'il cultivait. On prétend qu'un jour, en expliquant au roi la théorie des forces mouvantes, il osa lui dire que s'il avait un point d'appui en dehors de notre globe pour y placer ses machines, il enlèverait la terre à son gré. Ce trait, raconté par d'anciens historiens, a été regardé comme une fable par quelques modernes. Cependant l'assertion d'Archimède est raisonnable et fondée; seulement, comme il faut avoir égard à ce principe qu'un léger effort ne parvient à remuer un fardeau pesant qu'avec une diminution proportionnelle de vitesse, on arrive par le calcul à se convaincre que le plus immense levier que l'on puisse concevoir mettrait un temps infini à soulever, dans une proportion à peine sensible, un globe comme celui de la terre.

Nous ne nous occuperons pas ici des perfectionnements introduits par Archimède dans l'arithmétique et dans la géométrie. Disons cependant qu'il fit connaître le premier le rapport de la circonférence au diamètre, sinon dans la rigueur géométrique, au moins par une méthode d'approximation qui est encore aujourd'hui regardée comme suffisante dans la plupart des cas pratiques. Dans ses deux livres sur la sphère et le cylindre, il détermine le rapport de la sphère au cylindre circonscrit, tant pour la surface que pour la solidité. Ces découvertes étaient fort importantes, et Archimède en fut si enchanté, qu'il voulut qu'on dessinât sur son tombeau un cylindre circonscrit à la sphère ; et, deux siècles après sa mort, ce fut à ce signe que Cicéron, alors questeur en Sicile, reconnut le tombeau du grand homme, que déjà ses ingrats concitoyens avaient oublié.

C'est encore Archimède qui le premier a établi les vrais principes de la statique et de l'hydrostatique. Ce fut par ses travaux dans ce genre qu'il fut amené à poser ce principe, qu'un solide plongé dans un fluide y perd une partie de son poids égale au poids du fluide qu'il déplace. Voici par quelle circonstance il fut, dit-on, amené à faire cette découverte. Le roi Hiéron avait chargé un orfèvre de lui faire une couronne, et lui avait remis l'or nécessaire ; mais il soupçonna l'artiste d'avoir dérobé une partie du précieux métal et de l'avoir remplacé par un poids égal d'argent. Archimède fut chargé de trouver le moyen de reconnaître s'il y avait réellement fraude, et dans quelle proportion se trouvait l'alliage que l'on soupçonnait. La différence de densité

qui existe entre les deux métaux, rapprochée
de la différence de densité entre l'alliage et
l'argent pur, lui fournit les moyens de résoudre
le problème. On raconte qu'Archimède se trouvait dans le bain lorsque le moyen d'arriver à
ce résultat lui apparut comme un trait de lumière, et que, sans remarquer l'état de nudité
dans lequel il était, il traversa la ville pour
courir chez lui, en criant comme un fou : « Je
l'ai trouvé! je l'ai trouvé! » Ce trait se trouve
du reste assez bien confirmé par ce que ses
biographes ont dit de ses distractions habi-
tuelles et des méditations dans lesquelles il se
plongeait si profondément, qu'il devenait complètement étranger à tout ce qui se passait autour de lui.

En mécanique pratique, on attribue à Archimède beaucoup d'inventions utiles, que quelques historiens portent au nombre de quarante;
mais il n'a laissé aucun écrit sur ces matières.
Une machine fort ingénieuse et employée très
souvent pour l'épuisement des eaux a conservé
le nom de *vis d'Archimède;* elle se compose
d'un noyau cylindrique autour duquel sont im-
plantés en hélice des ailerons de bois mince,
d'une longueur uniforme, maintenus extérieurement par une enveloppe cylindrique concen-
trique au noyau. En lui donnant une inclinaison

d'environ trente à trente-cinq degrés à l'horizon, après avoir plongé dans l'eau une partie de la base inférieure, si on lui imprime un mouvement de rotation autour de son axe, l'eau qui y entre tend toujours à descendre au point le plus bas de chacune des spires creuses comprises entre le noyau, les ailerons et l'enveloppe ; à chaque tour complet, le liquide avance d'une spire de bas en haut, et finit par s'écouler à la partie supérieure. Les Égyptiens faisaient un fréquent usage de cette machine pour l'irrigation de leurs champs, et quelques critiques ont prétendu qu'Archimède avait rapporté cette idée du voyage qu'il avait fait en Égypte pendant sa jeunesse.

On regarde encore Archimède comme l'inventeur de la *vis sans fin* et des *moufles,* à l'aide desquels on peut enlever des poids énormes avec de médiocres efforts. Cicéron, Ovide, Claudien, parlent avec admiration d'une sphère entièrement composée par lui et qui représentait avec exactitude les mouvements célestes. A quoi il faut ajouter qu'il a fait plusieurs observations de solstices, et imaginé un instrument pour mesurer le diamètre du soleil.

La gloire principale d'Archimède fut d'avoir, dans les derniers jours de sa vie, consacré son génie à la défense de sa ville natale. Mar-

cellus, qui assiégeait Syracuse à la tête d'une
flotte et d'une armée considérables, vit tous
ses efforts repoussés par le célèbre mécanicien :
des machines inconnues jusque-là lançaient
des grêles de traits ou des pierres énormes qui
venaient écraser les assaillants ; des espèces de
tenailles gigantesques s'allongeaient du haut
des murailles, saisissaient les vaisseaux romains et les submergeaient après les avoir enlevés au-dessus des flots ; enfin des miroirs
ardents poursuivaient les vaisseaux jusqu'à de
grandes distances, et allaient les embraser au
milieu de la mer. Ce dernier fait a été révoqué
en doute, par suite du silence que gardent à
ce sujet plusieurs historiens ; cependant des
expériences faites dans le siècle dernier par le
célèbre Buffon ne permettent plus de douter
qu'il soit possible d'employer avec succès ce
moyen de défense.

Syracuse succomba cependant, malgré les
ressources extraordinaires qu'elle puisait dans
les inventions de son illustre défenseur. Les
Romains surprirent la place pendant que les
habitants de la ville étaient occupés à sacrifier
des victimes à leurs faux dieux. Archimède,
plongé, comme cela lui était habituel, dans
ses profonds calculs, n'apprit cet événement
que par la présence d'un soldat ennemi qui le

somma de venir parler à son général. Archimède répondit qu'il irait dès qu'il aurait trouvé
la solution du problème qui l'occupait; mais le
soldat, qui ne le connaissait pas, le tua d'un
coup d'épée, malgré la recommandation que
Marcellus avait faite de l'épargner.

§ II

MECANIQUE IMITATIVE

Vaucanson.

L'imitation des mouvements et des actions des êtres vivants par des procédés artificiels a fréquemment exercé l'imagination des mécaniciens, et a de tout temps été en possession d'exciter l'admiration des hommes. L'antiquité nous offre un exemple de ce pouvoir de la mécanique. Aulu-Gelle rapporte qu'Architas, de Tarente, était parvenu à faire un pigeon de bois qui pouvait voler, et qu'animait une puissance occulte renfermée dans son intérieur.

L'histoire du moyen âge présente plusieurs chefs-d'œuvre du même genre. S'il faut en croire le P. Kircher, Jean Muller, de Kœnigsberg, dit *Regiomontanus,* avait construit (ceci tient véritablement du prodige) une mouche en fer qui, lorsqu'il la lâchait, volait dans divers endroits de la chambre et revenait ensuite se poser sur la main de son maître. Ce qui n'est guère moins merveilleux, c'est son aigle artificiel, qui s'élança au-devant de l'empereur Frédéric à la distance de cinq cents pas, et retourna ensuite à l'endroit d'où il était parti. Albert le Grand, au XIII siècle, avait construit un automate de figure humaine qui allait ouvrir la porte de sa cellule lorsque quelqu'un venait frapper et qui poussait quelques sons, comme pour saluer la personne qui entrait.

Un Hollandais, physicien et mécanicien, qui mourut à Londres en 1634, Cornelle van Drebbel, avait fabriqué un instrument de musique qui s'ouvrait de lui-même au lever du soleil et qui jouait tant que cet astre était sur l'horizon. Mais le vrai titre de gloire de van Drebbel, ce furent l'invention du thermomètre qui porte son nom et la découverte de la teinture écarlate, sans parler de la fantasmagorie, qu'il paraît avoir connue.

Les Allemands ont toujours été renommés pour la confection de ces petites machines qui semblent tenir du prodige.

On peut lire dans les discours latins de Jean Walk, que deux fameux ouvriers allemands, un orfèvre et un horloger, parièrent à qui exécuterait le chef-d'œuvre le plus extraordinaire.

Au jour fixé par les deux artistes, en présence de juges qu'ils avaient choisis, l'horloger mit sur la table une araignée de cuivre qui imitait la nature à s'y méprendre. Il y eut accord unanime pour la trouver admirablement réussie.

L'orfèvre alors présenta un microscopique carrosse d'argent, monté par des statuettes imperceptibles d'hommes et de femmes, et comme on décidait déjà que les chefs-d'œuvre s'équivalaient :

« Attendez! attendez! dit celui-ci, que j'attrape une mouche. »

En ayant pris une, il la colla, avec de la cire, par les pattes au siège du carrosse, et la mouche de voler, de voler, et le carrosse de rouler, de rouler sur la table.

Les juges étaient dans l'ébahissement, et l'orfèvre gardait le sérieux solennel du triomphateur.

« Attendez! attendez! » dit à son tour l'horloger en souriant.

Il ne fit que toucher du doigt son araignée. Aussitôt les grandes pattes de l'insecte, mues par des ressorts intérieurs d'une incroyable petitesse, s'agitèrent, et voilà la bête qui se mit à courir tout comme une araignée vivante.

L'enthousiasme s'empara des juges, et ils déclarèrent tout d'une voix que l'horloger était le vainqueur, attendu qu'il y avait plus de mérite à faire marcher l'araignée par un si petit mécanisme interne, que de faire rouler le carrosse par l'action d'une mouche vivante.

Mais rien n'est comparable en ce genre aux merveilles de Vaucanson, qui étonnèrent la France vers le milieu du dernier siècle.

Cet illustre mécanicien naquit à Grenoble, en 1709. Comme tous les hommes fortement marqués par la Providence d'une empreinte particulière, il manifesta de bonne heure les inclinations de son génie. Son enfance fut grave et réfléchie. Élevé par sa mère, femme d'une piété rigoureuse, il avait pour unique amusement la société de dames non moins pieuses, non moins rigides, chez qui on le conduisait tous les dimanches. Son âge ne lui permettant pas de se mêler aux entretiens de sa bonne mère et de ses amies, il portait toute son attention sur une horloge placée dans une chambre voisine. Après avoir étudié quelque temps à travers les fentes d'une cloison le mouvement de cet instrument tout à fait nouveau pour lui, il parvint à en dessiner la figure et à s'expliquer le mécanisme, qui était pourtant en grande partie invisible pour lui. Quelques mois après il avait construit avec des instruments grossiers une horloge en bois qui marquait les heures assez exactement.

Parmi les rares plaisirs que sa mère lui permettait, celui de jouer à la *petite chapelle* avec ses jeunes camarades vint encore révéler sa vocation pour la mécanique; il se plaisait à fabriquer de petits anges dont les ailes s'agitaient d'elles-mêmes, et des figures de prêtres auxquelles il ne manquait en apparence que la vie, car elles exécutaient tous les mouvements qu'exige la célébration de la messe. A peine entré dans l'adolescence, Vaucanson fit un voyage à Lyon : c'était l'époque où cette seconde ville du royaume avait mis au concours la construction d'une machine hydraulique qui pût fournir de l'eau à ses nombreux quartiers. A la lecture du programme, la jeune imagination de Vaucanson s'enflamma; il se mit à l'œuvre; mais lorsqu'il eut achevé son projet de construction, la modestie et la défiance de lui-même l'empêchèrent de le présenter au concours. A quelque temps de là, amené à Paris par ses parents, il vit la *Samaritaine* sur le Pont-Neuf. Qu'on juge de la surprise qu'il éprouva en retrouvant précisément sa machine de Lyon dans le mécanisme de cette fontaine célèbre! Ce premier essai, dont il ne parla à personne, et cette espèce de triomphe intime servirent au moins à lui révéler à lui-même sa propre valeur, et l'encouragèrent à persévérer

Vaucanson et son domestique s'embrassèrent en pleurant de joie.

dans l'étude vers laquelle le poussait son génie naissant.

Après plusieurs années fructueusement employées à acquérir des connaissances en mécanique, en anatomie et en musique, Vaucanson songea à réaliser une idée qui lui était venue en voyant dans le jardin des Tuileries le fameux faune de Coysevox jouant de la flûte. Ce fut pendant les loisirs forcés que lui fit une longue maladie qu'il réussit, à force de calculs et de combinaisons, à composer une statue en bois qui imitait avec une exactitude remarquable le jeu d'un virtuose de cette époque. Cet automate exécutait douze airs différents; ses lèvres avançaient ou se reculaient, s'écartaient ou se rapprochaient en augmentant ou diminuant la vitesse du vent, suivant les divers tons, avec le concours des variations que la disposition des doigts éprouvait des mouvements que recevait une soupape qui faisait office de langue. Combien de roues, de cordons, de chaînes d'acier, de soufflets, de poulies de leviers, de tuyaux n'avait-il pas fallu imaginer pour obtenir un pareil résultat! On rapporte qu'aux premiers sons que fit entendre la statue, le domestique de Vaucanson fut si frappé d'étonnement, qu'il tomba aux genoux de son maître en lui prodiguant toutes les marques d'une adoration qui

n'appartient qu'à Dieu, et tous deux s'embrassèrent en pleurant de joie. Cet automate flû-
teur, qui végète aujourd'hui en Allemagne, était
destiné à la reine. Il excita tellement l'admiration générale, que Voltaire lui-même, d'ordinaire si sobre de louanges, surnomma Vaucanson
le rival de Prométhée.

Vaucanson ne s'arrêta pas à cette merveille :
en 1741, il exposa deux canards et un joueur
de tambourin qui ne furent pas accueillis avec
moins d'enthousiasme que son joueur de flûte.
Les canards buvaient, barbotaient dans l'eau,
coassaient comme leurs congénères vivants ; ils
faisaient mouvoir leurs ailes, s'élevaient sur
leurs pattes, portaient leur cou à droite et à
gauche, saisissaient le grain avec leur bec et
l'avalaient ; puis, au moyen d'un mécanisme
que nous ne saurions décrire ici, le grain était
broyé et amené à un état de décomposition ana-
logue à celui qui résulte de la digestion. Le
joueur de tambourin avait offert peut-être encore plus de difficultés à vaincre : d'une main
il tenait un galoubet, et de l'autre une ba-
guette avec laquelle il frappait son tambourin ; sur le premier instrument il jouait une
vingtaine de contredanses, et sur le second
il battait des coups simples et doubles, des
roulements variés qui accompagnaient en me-

sure les airs que le galoubet faisait entendre [1].

Après tous ces prodiges, la célébrité de Vaucanson fut telle, que le grand Frédéric, roi de Prusse, qui aimait à s'entourer des hommes les

[1] Nous parlerons ici, seulement pour mémoire, du fameux automate joueur d'échecs qui, vers la fin du siècle dernier, a occupé toutes les bouches de la renommée, et qui n'était, au fond, qu'une mystification. Ce mécanisme était dû au baron Volfgang de Kempelen, de Presbourg, conseiller des finances de l'Empereur, et qui depuis son enfance avait montré une aptitude remarquable pour la mécanique. Son automate, couvert d'un ample costume oriental, était assis devant une table pleine qui était portée sur des roulettes, et sur laquelle était placé un jeu d'échecs. La statue avançait le bras, saisissait la pièce qu'il fallait jouer et la plaçait sur la case la plus convenable; quand le roi adverse était en échec, l'automate poussait un cri qui avertissait de cette circonstance; si l'adversaire faisait une fausse marche ou jouait en dehors des règles, l'automate s'emparait impassiblement de la pièce mal jouée et la remettait à sa place. Comment concevoir qu'une machine pût se plier ainsi à toutes les combinaisons d'un jeu aussi compliqué que les échecs? Telle était la question que chacun s'adressait, et que personne ne parvenait à résoudre. On ne croyait pas la fraude possible; car l'inventeur montrait à tout le monde l'intérieur de sa machine tout garni de rouages compliqués, qu'il montait comme une pendule avec un grand bruit. Cependant cette admirable machine n'était qu'un tour d'escamotage. Un habile joueur d'échecs, caché dans l'intérieur de l'appareil, suivait tous les coups au moyen d'un échiquier placé sous la table et qui correspondait à celui qui servait aux joueurs; ensuite, à l'aide d'une manivelle qui faisait mouvoir le bras du mannequin et d'un ressort élastique qui faisait jouer ses doigts, il imprimait à l'automate les mouvements nécessaires avec une précision qui étonnait justement les spectateurs. Le grand Frédé-

plus remarquables de l'Europe, lui fit faire les
offres les plus brillantes ; mais l'illustre mécanicien avait pour principe qu'un vrai citoyen
n'appartient qu'à sa patrie ; il refusa de quitter
la France. Après un pareil acte de dévouement,
la France ne pouvait se montrer ingrate envers
lui.

Le cardinal Fleury, ministre de Louis XV,
comprit tout ce que pouvait un pareil génie
pour le progrès des arts industriels, et lui confia l'inspection des manufactures de soie. Dans
cet emploi, qui n'était que la juste récompense
du talent remarquable dont il avait fait preuve,
Vaucanson ne s'acquit pas moins de gloire
comme mécanicien utile, qu'il n'en avait obtenu comme mécanicien ingénieux et amusant :
il s'appliqua surtout à perfectionner les préparations que doit subir la soie avant d'être
employée. Parmi les nombreuses améliorations
qu'il introduisit dans cette branche de l'industrie française, on doit surtout distinguer la
machine pour exécuter avec promptitude et
une précision rigoureuse la *chaîne sans fin*,

ric voulut acheter l'automate et son secret ; puis, dès
qu'il eut pénétré le mystère, il abandonna la machine
dans un coin de son palais, d'où elle a été retirée lors
du passage des Français à Berlin. Mais le mystère était
connu, et l'automate qui avait tant occupé nos pères ne
parut plus qu'un jouet peu digne d'attention.

des moulins à organsiner, chaîne ingénieuse qui
a reçu son nom.

Tandis qu'il exerçait à Lyon ses fonctions
d'inspecteur des manufactures de soie, Vaucanson intervint dans une discussion qui s'était
élevée entre les fabricants et les ouvriers tisseurs en soie : quelques-uns de ces derniers
manifestaient des prétentions tellement exorbi-
tantes en faisant valoir l'intelligence peu commune qu'exigeait la fabrication des tissus ou-
vrés, que le haut prix auquel il fallut élever
ces tissus eût infailliblement porté un coup
mortel aux fabriques lyonnaises. Vaucanson
ne répondit rien aux objections qui lui furent
faites; mais s'étant fait remettre un échantillon
du tissu qu'on disait le plus difficile à fabriquer, il construisit une machine avec laquelle
un âne exécutait le tissu désigné aussi parfaitement qu'on pouvait le désirer. Par cette
nouvelle invention, Vaucanson se proposait
seulement d'empêcher une concession qui lui
semblait injuste; c'était aussi pour lui une manière de se venger plaisamment des ouvriers
lyonnais, qui, n'ayant pris conseil que de leur
ignorance, l'avaient un jour poursuivi à coups
de pierres, sous prétexte qu'il voulait les réduire à mourir de faim en simplifiant leurs métiers. On voit encore aujourd'hui au Conserva-

toire des arts et métiers cette machine telle qu'elle fut construite, avec une partie du dessin qu'elle exécutait.

La représentation de la *Cléopâtre* de Marmontel fournit encore à Vaucauson l'occasion de faire briller son génie inventif. Il fabriqua un aspic artificiel qui, en s'élevant sur le sein de la reine d'Égypte, faisait entendre le sifflement d'un reptile vivant. Cet automate d'un nouveau genre donna lieu à une saillie fort spirituelle. Un spectateur qui avait écouté d'un air peu satisfait, ayant été interrogé par son voisin de ce qu'il pensait de la tragédie de Marmontel : « Je suis tout à fait de l'avis de l'aspic dont vous avez entendu le sifflement, » répondit-il. La dernière conception de Vaucanson fut la création d'un automate dans l'intérieur duquel devait s'opérer tout le mécanisme de la circulation du sang. Cette tentative, la plus hardie de toutes celles où pût aspirer la mécanique imitative, et qui avait vivement excité la curiosité de Louis XV, n'échoua que par suite des difficultés qui furent suscitées au savant mécanicien, et qui révoltèrent la légitime fierté de son génie.

Une vie si utilement occupée finit beaucoup trop tôt. Vaucanson s'occupait encore de faire travailler à la machine qu'il avait inventée pour

composer sa chaîne sans fin, et déjà il était en
proie aux souffrances qui devaient terminer ses
jours. Il pressait les ouvriers, de peur que le
temps ne lui manquât pour ajouter ce présent
à tous ceux dont il avait comblé l'industrie
française. Sa prévision n'était que trop fondée.
Il venait à peine d'achever son dernier prodige de mécanique, qu'il fut enlevé aux
arts, aux sciences et à l'humanité, le 21 novembre 1782.

Vaucanson ne fut pas seulement le plus habile
mécanicien de son temps, il fut encore homme
de bien dans toute l'acception du mot. Les services qu'il avait rendus se prolongèrent même
au delà du tombeau : il légua à Louis XVI, par
son testament, la collection entière de ses machines, qu'il avait réunies à l'hôtel de Mortagne, rue de Charonne, pour l'usage des arts
industriels. Le monarque, reconnaissant, donna
à Mme Salvers, fille unique de l'illustre mécanicien, des témoignages éclatants du prix qu'il
attachait à ce legs. La collection fut placée
dans les attributions du contrôleur général des
finances, qui reçut l'ordre formel du roi d'y
réunir tout ce qu'on pourrait se procurer en
machines, outils, modèles, instruments utiles
à l'industrie ou capables d'éveiller le génie de
l'invention. A ces faveurs le roi ajouta l'alloca-

tion de fonds considérables pour soutenir et étendre l'établissement; il fit même acheter l'hôtel de Mortagne, auquel il voulut qu'on donnât le nom de Vaucanson, qu'il porte encore aujourd'hui. C'est ainsi que furent jetés les premiers fondements de ce musée industriel et artistique, organisé depuis sous le nom de *Conservatoire des arts et métiers*. L'homme dont le génie inventif avait créé tant de prodiges et ouvert aux mécaniciens une nouvelle et vaste carrière ne vit point s'ouvrir pour lui les portes de l'Académie des sciences. Il eut le chagrin de se présenter plusieurs fois sans succès comme candidat. Le cardinal Dubois, qui le protégeait, apprenant un jour le rejet de sa candidature, s'écria : « Eh bien, qu'ils soient tranquilles, je lui commanderai un académicien. »

§ III

MÉCANIQUE INDUSTRIELLE

James Hargraves. — Richard Arkwright. — Jacquard.

L'introduction des machines dans la filature est une des révolutions industrielles les plus mémorables, tant par son importance que par les circonstances curieuses qui l'ont accompagnée, et surtout parce que nous la devons à de simples et pauvres ouvriers. Depuis l'invention de ces mécaniciens ingénieux, le fuseau et la quenouille, que ne dédaignaient pas de manier autrefois les reines et les princesses, ont échappé aux doigts mêmes des bergères, et le travail délicat qu'on leur devait est aujourd'hui livré à des machines animées par l'eau ou la vapeur.

Vers l'an 1767, un charpentier anglais sans éducation et même sans instruction, JAMES HARGRAVES, travaillant à Stanhill, dans le Lancashire, inventa le métier à filer le coton, dit *Spinning-Jenny* ou Jeannette. L'idée de cette invention lui vint en voyant un rouet à filer, renversé par accident, s'éloigner de la fileuse à une assez grande distance sans cesser de filer. Cette circonstance lui révéla qu'il serait possible de rendre le point de filage fixe et de changer la direction des choses, tout en leur donnant un mouvement de va-et-vient, sans suspendre leur mouvement de rotation sur elles-mêmes. Après plusieurs essais infructueux, il parvint à faire un métier à huit broches, qu'une courroie sans fin horizontale faisait tourner. Ce premier succès obtenu, il perfectionna tellement sa Jenny, que bientôt il lui fit produire un travail égal à celui de trente à quarante fileuses au rouet.

A la vue de cette nouvelle machine qui semblait devoir rendre leurs bras inutiles, les ouvriers fileurs se crurent menacés dans leur existence. Incapables de prévoir l'immense développement que les Jenny étaient appelées à donner à leur genre d'industrie et la multiplication prodigieuse de main-d'œuvre qui allait en être la suite indispensable, ils se coalisèrent, assiégèrent la maison de Hargraves et brisèrent ses machines, s'imaginant sans doute anéantir aussi l'invention. Mais celle-ci, semblable au phénix, qui renaît de ses cendres, se releva plus vivace qu'auparavant, et se répandit de toutes parts dans le comté. Les fileurs se soulevèrent de nouveau, et détruisirent non seulement les Jeannettes, mais encore toutes les cardes à bloc (*stock cards*), autre invention du charpentier Hargraves.

Ainsi menacé dans sa personne et sa propriété, Hargraves fut obligé de quitter Lancastre et de porter son industrie à Nottingham, où il éleva une filature sous la protection de l'autorité. Telle fut la rapidité avec laquelle se propagea son système, que bientôt il se vit dérober de tous côtés une découverte que pendant plusieurs années on s'était obstiné à méconnaître. Pour arrêter l'audace des plagiaires, pour faire valoir ses droits, il se lança dans la carrière des procès; mais sa pauvreté le fit succomber. Accablé sous le poids de l'injustice des hommes, réduit à la misère la plus affreuse, il termina ses jours dans un hôpital. Ce ne fut que cinquante ans après sa mort, lorsque la filature de coton comptait pour 800 millions

dans la masse des affaires industrielles de son
pays, qu'un écrivain de la *Revue d'Édimbourg*
révéla à la Grande-Bretagne le nom et l'infortune de l'homme à qui elle était redevable d'un
résultat aussi prodigieux. Quand donc les hommes utiles à leurs semblables obtiendront-ils de
leurs contemporains une reconnaissance et une
gloire dignes de leur génie?

———

Pendant que l'invention de Hargraves se ré-
pandait dans tous les comtés de l'Angleterre
malgré la résistance énergique de la classe ouvrière, elle se trouva tout à coup supplantée
par une découverte bien supérieure, celle de la
filature à cylindre ou à laminoirs, dite continue, introduite à Nottingham vers la même
époque. L'inventeur de ce nouveau système de
machines, RICHARD ARKWRIGHT, était un simple
barbier de village des environs de Manchester,
issu de parents pauvres dont il était le treizième
enfant, et qui ne purent lui donner aucune éducation. Tel est l'homme qui partagea avec Watt
et Brindley[1] la gloire d'avoir changé la face de

———

[1] James Brindley, célèbre mécanicien anglais, naquit
en 1716 à Wormill, dans le Derbyshire. Son éducation
fut si négligée, qu'on ne lui enseigna ni à lire ni à écrire.

l'industrie anglaise, et qui, né comme eux de simples artisans, s'est également élevé au comble de la fortune et de l'illustration.

Jusqu'à l'âge de trente-quatre ans, Arkwright ne vécut que de l'exercice de son métier de barbier. Ce fut en 1768 qu'il mit au monde son admirable découverte. Quoiqu'il l'eût mûrie bien des années, son extrême ignorance des arts mécaniques et du dessin lui fit éprouver beaucoup de difficultés pour la faire comprendre aux autres. Sa patience triompha de ce premier obstacle; mais il lui fallut une énergie presque surhumaine pour ne pas se laisser abattre par les refus ou les dédains des hommes d'argent à qui il dut s'adresser pour mettre son idée à exécution. Ne trouvant aucune ressource dans son pays natal (le Lancashire), fixé d'ailleurs sur le sort qui l'y attendait par les persécutions qu'y avait souffertes Hargraves, il vint à Nottingham, où les banquiers Wright lui avancèrent les fonds nécessaires pour continuer ses expé-

Dans la suite il n'apprit qu'à signer son nom. Placé en apprentissage chez un charpentier, il parvint par la seule force de son génie à acquérir assez de connaissances en hydraulique pour exécuter, par les ordres du duc de Bridge-Water, le premier canal d'Angleterre, celui de Worsley à Manchester. Plus tard il donna le plan de toutes ces lignes navigables, exécutées par des compagnies particulières, qui, presque toutes, réalisèrent des bénéfices incroyables. Brindley mourut en 1772.

riences, à condition de partager les bénéfices si elles réussissaient. Mais après un certain temps, le succès se faisant attendre, les impatients banquiers suspendirent tout à coup leurs avances, et signifièrent à Arkwright d'avoir à leur substituer un autre capitaliste qui leur remboursât les sommes déjà fournies. Dans une circonstance pareille, un homme moins fortement trempé qu'Arkwright eût perdu la tête et laissé là son entreprise : lui, au contraire, n'en fut que plus opiniâtre dans la poursuite de son idée. A force de chercher, il finit par rencontrer un de ces hommes à la conception élevée, aux sentiments généreux, toujours prêts à seconder les efforts de l'intelligence et l'ardeur pour le travail : c'était M. Need de Nottingham, riche capitaliste, associé avec un mécanicien de Derby, M. Strutt, qui avait obtenu un brevet pour la fabrication des bas. Dès qu'Arwright lui eut développé son système, il l'accueillit avec chaleur, et promit d'entrer dans l'affaire si elle était approuvée par son associé. Arkwright alla donc porter le modèle de sa machine à M. Strutt. Celui-ci, qui était très versé dans la mécanique pratique, comprit au premier coup d'œil tout l'avantage qu'on pourrait retirer de l'invention proposée, et à laquelle il ne manquait, pour être parfaite, que quelques roues d'engrenage dont l'inventeur, dans son ignorance des notions les plus élémentaires en mécanique, n'avait pas su deviner l'utilité. Le rapport de M. Strutt fut très favorable : il engagea même son associé à traiter sans délai avec Arkwright. Dès le printemps de 1769, un brevet d'invention fut pris en commun par les trois associés. Les premiers métiers construits en grand à Nottingham étaient mus par des chevaux ou des mulets; mais Arkwright, reconnaissant bientôt que ce moteur était trop dispendieux, transporta en 1771 son établissement à Cromfort, comté de Derby, et livra ses métiers à la puissance de l'eau.

Dès lors rien n'arrêta plus la fortune et la renommée de l'obscur barbier de Manchester; seulement, en 1772, on lui contesta son brevet d'invention; mais il sortit victorieux de cette attaque. En 1775, il fit des additions et des perfectionnements à diverses parties de son système de filature, pour lesquels il obtint un second brevet. Mais ayant, sans le savoir, mêlé ses propres inventions avec quelques autres qui ne lui appartenaient pas, l'envie et la méchanceté s'emparèrent de cette circonstance pour essayer de le ruiner : une action lui fut intentée, et, après dix ans de procès, il fut déclaré déchu de son dernier brevet.

Toutefois les ennemis d'Arkwright ne réussirent qu'à moitié dans leur odieux projet : s'ils parvinrent à l'abreuver de dégoûts et d'ennuis, ils ne purent au moins lui ravir son bien-être et sa réputation. Plus heureux que Hargraves, il amassa des richesses considérables, dont ses deux associés eurent aussi leur part; et ses concitoyens, voulant reconnaître les services importants qu'il avait rendus à l'industrie, le nommèrent shérif du comté de Derby. Le roi lui donna même le titre de chevalier. Arkwright mourut à Cromfort, en 1792.

Le *canut* est l'ouvrier en soie qui fabrique les riches étoffes dont se composent les parures élégantes qui meublent les maisons opulentes. Lyon et ses faubourgs renferment au moins quatre-vingt-dix mille de ces industriels, entassés dans d'immenses maisons percées d'un nombre infini de fenêtres dont chacune éclaire un métier. Il est aisé de concevoir que la population qui se trouve entassée dans ces ruches aux mille cellules, où elle travaille sans relâche de quatre heures du matin à neuf heures du soir, n'est pas dans des circonstances propres à favoriser la santé et le développement des formes

extérieures ; aussi le canut se reconnaît-il en
général à son teint blême, à son corps grêle, à
son dos voûté, tristes conséquences d'un logement insalubre, d'une nourriture insuffisante et
d'un travail excessif : tel est encore trop souvent l'ouvrier lyonnais. Mais il y a une cinquan-
taine d'années, ces tristes symptômes étaient
bien plus remarquables : c'est aussi que l'existence de ces hommes laborieux était bien plus
pénible. Les métiers auxquels ils travaillaient
pour la confection des étoffes brochées étaient
compliqués, difficiles à manier, chargés de
cordes et de pédales, qui forçaient le corps
à des contorsions horribles. Outre l'ouvrier
chargé du tissage, qui, assis sur un escabeau
élevé, était obligé de lancer ses jambes à droite
et à gauche pour donner aux fils de la chaîne
les diverses positions qu'exigeait le brochage ou
le façonnage de l'étoffe, un ou plusieurs ouvriers étaient encore indispensables pour faire
mouvoir les cordes et les pédales. Généralement c'étaient des enfants qu'on affectait à ce
rude travail, particulièrement des jeunes filles,
appelées *tireuses de lacs,* et qui, pour conduire
le métier, étaient obligées de conserver pendant des journées entières des attitudes forcées
qui déformaient leurs membres débiles, et le
plus souvent abrégeaient leur vie. A la vue de

tant de misères, tous les cœurs généreux se sentaient émus de pitié, et ne pouvaient s'empêcher de désirer dans la mécanique une révolution qui affranchît cette classe malheureuse d'un travail où se perdaient et la santé des enfants et la moralité des parents qui les y assujettissaient. Mais cette révolution devenue si nécessaire, personne ne se sentait la force ou la capacité de l'entreprendre. C'était à un enfant du peuple, à un simple artisan, à Jacquard, ce génie de la fabrique, devant lequel Florence et Venise ont abaissé leur pavillon industriel, et que l'on a appelé *l'abbé de l'Épée des canuts,* qu'était réservé l'honneur d'accomplir une tâche aussi glorieuse.

JOSEPH-MARIE JACQUARD naquit à Lyon le 7 juillet 1752. Son père était maître ouvrier en étoffes d'or, d'argent et de soie ; sa mère, *liseuse de dessin,* autre branche de la même industrie. Quant à lui, il fut d'abord placé dans un atelier de relieur, où il resta plusieurs années ; mais il ne continua pas l'étude de cette profession, dans laquelle il avait cependant déjà fait preuve de goût et d'intelligence ; son génie et sa vocation l'appelaient ailleurs. Plus tard nous le retrouvons marié, et dirigeant un commerce de chapeaux de paille dans une petite maison provenant de l'héritage paternel. La révolution vint

interrompre le succès de son établissement.
En 1793, lors du siège mémorable que Lyon
soutint avec tant d'héroïsme contre les armées
républicaines, il eut la douleur de voir sa
maison dévorée par les flammes ; et quand les
farouches proconsuls envoyés par la Convention
vinrent décimer ceux des habitants de la malheureuse cité que la mitraille avait épargnés,
Jacquard, compris sur la liste de proscription,
se vit contraint de quitter la terre natale. Un
fils qu'il avait dans les rangs de l'armée répu-
blicaine fut son sauveur. Ce brave jeune homme,
n'écoutant que sa piété filiale, couvrit son père
d'un uniforme, le fit inscrire sur le contrôle
du bataillon de volontaires où il servait, et,
après lui avoir mis un fusil à la main, marcha
avec lui à la défense de la frontière. Tant de
dévouement méritait un meilleur sort que celui qu'il rencontra. A son arrivée sur le Rhin,
Jacquard eut le chagrin de voir son digne fils,
frappé mortellement d'une balle, expirer dans
ses bras. Ce fut pour lui le comble du malheur.

Lorsqu'un peu d'ordre et de repos fut rendu
à la France, Jacquard, fatigué du métier des
armes, auquel son âge commençait à le rendre
inhabile, songea à rentrer dans la vie civile.
Ayant trouvé des protecteurs dans ceux-là

mêmes qui l'avaient proscrit, il put revoir
Lyon et s'y livrer à l'étude de la mécanique,
vers laquelle l'entraînait un penchant que les
circonstances contribuèrent encore à développer. La paix d'Amiens ayant momentanément
rétabli les communications entre la France et
l'Angleterre, un journal anglais tomba sous les
yeux de Jacquard. Il y lut l'annonce d'un prix
proposé par la Société royale de Londres pour
la construction d'une machine à fabriquer des
filets pour la pêche maritime et le bastingage
des vaisseaux. Dès ce moment il eut la conscience de sa vocation, et ne s'occupa plus qu'à
rechercher les moyens de remplir les conditions du programme anglais. Après bien des
tâtonnements, la machine fut trouvée; mais la
satisfaction qu'il éprouva de son succès fut la
seule récompense qu'il voulut en retirer; car,
une fois la difficulté résolue, il n'y songea plus,
et se borna à donner à un de ses amis un morceau de filet qu'il avait fabriqué. Cet ami le
montra à plusieurs personnes comme objet de
curiosité; il passa successivement de main en
main, et fut enfin envoyé à Paris par les soins
des autorités lyonnaises.

Depuis longtemps Jacquard avait oublié son
invention, lorsqu'un jour il fut, à sa grande
surprise, appelé devant le préfet de Lyon, qui

l'interrogea pour savoir s'il n'avait pas dirigé
son attention sur les moyens de fabriquer des
filets à la mécanique. Jacquard ne se rappela
pas immédiatement la circonstance à laquelle le
magistrat faisait allusion, et ce ne fut que lorsqu'il vit le morceau de filet donné ancienne-
ment à son ami que le souvenir lui en revint.
Le préfet lui demanda alors à voir la machine
qui avait servi à confectionner cet ouvrage.
Jacquard obtint trois semaines pour rétablir et
compléter le mécanisme de son appareil, qui
gisait abandonné dans un coin de sa demeure.
Au bout de ce temps il le transporta chez le
préfet, qui lui-même put compter le nombre
des mailles, frapper du pied la barre et ajouter
une maille au tissu déjà commencé. Quand il
fut revenu de l'étonnement que lui avait causé
cette merveille, le magistrat congédia Jacquard
en l'assurant qu'il entendrait parler de lui. La
machine fut expédiée à Paris, et peu après
l'ordre arriva d'y envoyer Jacquard lui-même.
Cet ordre était si pressant, que les autorités,
se méprenant sur son véritable sens, prirent
l'honnête mécanicien pour un conspirateur, et
le traitèrent comme tel. Sans lui laisser le
temps d'aller faire chez lui les préparatifs de ce
voyage subit, on exigea qu'il montât dans une
chaise de poste qui l'emporta rapidement

vers la capitale sous l'escorte d'un gendarme.

Jacquard n'était jamais allé à Paris. A son arrivée, on le mena droit au Conservatoire des arts et métiers, où les premières personnes qu'il vit furent le consul Bonaparte et le ministre Carnot. « C'est donc toi, lui dit celui-ci avec cette brusquerie sévère qui lui était naturelle, qui prétends faire ce que Dieu lui-même ne saurait faire, un nœud avec un fil tendu? » Jacquard, interdit par la présence du maître et plus encore par la brusque apostrophe du ministre, ne put répondre un seul mot; il se contenta de mettre sa machine en mouvement et de démontrer la possibilité de ce qu'on croyait impossible. C'est de cette manière étrange que les premiers essais de Jacquard furent connus. Napoléon, qui savait apprécier le génie partout où il se trouvait, encouragea le mécanicien et lui promit sa protection.

Peu de jours après son entrevue avec le premier consul, Jacquard était installé au Conservatoire des arts et métiers. Qu'on juge de la joie qu'il dut éprouver en se trouvant au milieu de toutes les merveilles de l'industrie, qui lui permettaient enfin de prendre sur le fait les divers secrets de la mécanique qu'il ne lui avait pas été donné d'étudier dans les livres ni avec les yeux de la science! Bientôt, sur la demande du gouvernement, il s'occupa d'appliquer à la fabrication des belles étoffes de soie un mécanisme plus simple et moins coûteux que celui qu'on avait employé jusqu'alors; il y parvint en combinant deux principes dus, l'un au célèbre Vaucanson, l'autre à l'ingénieur Talcon.

Ce fameux métier, destiné à immortaliser le nom de son auteur, parut à l'exposition de 1801. Le premier consul, ayant compris tout d'abord quelle révolution cette admirable découverte allait produire dans l'industrie française, la récompensa par une pension de 6,000 francs. Le jury ne se montra pas aussi clairvoyant : il se borna à accorder une médaille de bronze à Jacquard, « inventeur, dit le rapport, d'un mécanisme qui supprime un ouvrier dans la fabrication des tissus brochés. »

On s'étonnera moins du peu d'importance attachée par le jury parisien à l'œuvre la plus utile qu'ait créée le génie des arts, quand on saura qu'elle fut méconnue par l'industrie lyonnaise elle-même, dont elle devait changer la face. Lorsque Jacquard retourna à Lyon avec son ingénieuse machine, il se vit, nouveau Galilée, persécuté par ses concitoyens, qui, au lieu de l'encourager, l'accablèrent de dégoûts. Lui, l'enfant de l'atelier, l'homme du peuple, fut présenté à la multitude passionnée, à la foule ignorante et égarée, comme un ambitieux, un ennemi des travailleurs, des ouvriers en soie, dont son invention allait, disait-on, ruiner l'industrie et accroître la misère. De toutes parts des groupes furieux s'ameutaient contre lui. Trois fois sa vie fut menacée, et cette haine aveugle en vint à une telle exaspération, que le conseil des prud'hommes, par une condescendance qu'on ne saurait trop blâmer, fit briser le nouveau métier sur une place publique, aux applaudissements de la multitude. Le fer, pour nous servir de l'expression de Jacquard lui-même, fut vendu comme vieux fer, et le bois comme bois à brûler.

Les préjugés étroits qui engagèrent les tisseurs de Lyon à détruire une machine qui, en diminuant les fatigues de leurs travaux, pouvait être pour eux la source de grands bénéfices, ne se dissipèrent que lorsque la France commença à éprouver les funestes effets de la concurrence étrangère. Quelques fabricants éclairés, au nombre desquels nous devons citer Dépouilly et Schirmer, ayant, malgré la résistance des ouvriers, adopté le mécanisme de Jacquard, en tirèrent un parti si avantageux, que cette heureuse invention se répandit successivement en Suisse, en Allemagne, en Italie, en Amérique, et surtout en Angleterre, où, dès 1813, la ville essentiellement manufacturière de Manchester l'avait accueillie avec une sorte d'enthousiasme. Dès lors le métier à la Jacquard prit place parmi les plus puissants auxiliaires de l'industrie. Ce nom, prononcé d'abord avec rage dans les ateliers, est aujourd'hui populaire dans toute l'Europe; mais cette gloire est venue tard; il a fallu, pour l'obtenir, que Jacquard, doué d'une persévérance égale à son génie, luttât pendant vingt ans contre l'ignorance, l'égoïsme et l'envie. Nous avons vu la mention plus que modeste qu'il obtint avec la médaille de bronze en 1801; ce n'est qu'en 1819 qu'un jury plus éclairé proclama enfin la supériorité de son métier sur les procédés coûteux, pénibles, insalubres même, qu'il remplaçait avec tant d'avantage, et lui décerna la médaille d'argent. La croix de la Légion d'honneur compléta cette récompense nationale.

La modestie et le désintéressement de Jacquard ne peuvent se comparer qu'à son mérite. Il négligea constamment d'exploiter les divers brevets d'invention qui lui furent accordés. Les étrangers lui firent des offres magnifiques; il les refusa sans faste, mais avec fermeté. Sur la fin de sa vie, ce brave homme, ayant perdu sa femme, pour laquelle il avait

conservé le plus tendre attachement, se retira
à Oullins, joli village à quatre kilomètres de
Lyon, dans une petite maison dont on lui avait
légué la jouissance durant sa vie. C'est là que
d'illustres voyageurs, des savants, des hommes
d'État, vinrent souvent le visiter, étonnés de
voir un homme, dont le nom était européen,
partager son temps entre la culture d'un petit
jardin et les exercices de la religion. Jacquard
s'éteignit dans cette existence paisible, le 7
août 1834, à l'âge de quatre-vingt-quatre ans.
Le lendemain, quelques amis, auxquels s'était
joint un très petit nombre d'admirateurs, accompagnaient sa dépouille mortelle au cime-
tière d'Oullins, où elle reposa à côté de celle de
l'académicien Thomas. Les habitants lui ont
consacré dans leur église une épitaphe aussi
simple que modeste, qui résume en peu de
mots une vie si pure et si laborieuse.

Comme la plupart des grands hommes, Jacquard ne trouva de son vivant dans sa patrie
que la persécution, l'indifférence et l'oubli.
Ce ne fut qu'après sa mort qu'on commença
à l'apprécier ce qu'il valait, et qu'on songea à
l'honorer. Par les soins du corps municipal de
Lyon, une souscription fut ouverte pour élever
un monument à la mémoire du célèbre mécanicien. Mais il a fallu plus de six années pour

que, dans cette grande cité manufacturière, qui exporte pour 120 millions de produits, le chiffre des sommes versées atteignît quelques milliers de francs! La statue de Jacquard, ouvrage de M. Foyatier, auteur du *Spartacus,* a été enfin inaugurée le dimanche 16 août 1840, sur la place Sathonay, où se voyait déjà le buste de l'abbé Rosier, autre bienfaiteur de la ville de Lyon.

§ IV

HORLOGERIE

Les Leroy. — Les Lepaute. — Les Berthoud. — Bréguet.

L'histoire de l'horlogerie a été trop complètement négligée pour qu'il soit possible de la
suivre dans son origine et ses progrès. Tout
ce que nous savons, c'est que dans l'antiquité
on n'avait pour marquer les heures que des
cadrans solaires, et que les premiers essais en
horlogerie furent des *clepsydres,* ou horloges
d'eau, auxquels furent substitués plus tard les
sabliers. Les horloges à régulateur mécanique
ne commencèrent à paraître que dans le xe ou
le xie siècle, et ne reçurent leur entier perfectionnement que beaucoup plus tard. On sait
qu'il en fut envoyé une à Charlemagne par le
calife Haroun-al-Raschid. L'Espagne eut sa
première horloge à Séville en 1400, Moscou
en 1404, Lubeck en 1405. La première que
l'on établit à Paris fut celle du palais de justice.
Son exécution est due à André de Vic, que

Charles V avait fait venir d'Allemagne vers 1370. Sens, Auxerre, Dijon et Strasbourg possédèrent aussi de bonne heure des horloges remarquables par leur mécanisme, et il n'est personne qui n'ait entendu parler de ces hommes de fer ou *Jacquemart* placés sur les tours, au sommet des clochers et des édifices les plus hauts, pour sonner les heures.

Les horloges usitées dès le XVI° siècle pouvaient donc déjà suffire aux besoins de la vie civile; quelques-unes même allaient au delà de leur destination, surprenaient les curieux par divers artifices de mécanique, indiquaient le mouvement de quelques corps célestes; mais toutes avaient besoin d'être remises assez fréquemment avec la véritable mesure du temps, le mouvement de rotation de la terre; et les écarts auxquels on ne savait point remédier provenaient de l'imperfection du régulateur. Enfin les pendules furent trouvés, et il paraît constant que ce fut le grand Galilée qui conçut le premier la possibilité d'en faire l'application aux horloges, quoiqu'on fasse généralement honneur de cette invention à l'Anglais Huyghens, qui, en effet, la répandit et l'accrédita.

S'il faut en croire les biographes de l'illustre mathématicien italien, cette importante

découverte lui fut révélée par la simple considération d'un fait qui aurait paru insignifiant
à un observateur ordinaire; mais l'homme qui
avait inventé le thermomètre, le télescope, le
microscope, était doué de trop de persévérance
pour abandonner un problème avant d'en avoir
obtenu la solution. Ayant remarqué un jour
dans l'église métropolitaine de Pise le balan-
cement réglé et périodique d'une lampe sus-
pendue à la voûte et mise en mouvement for-
tuitement, Galilée observa l'égale durée de ces
oscillations, et comprit aussitôt comment ce
phénomène pourrait servir à procurer une
mesure exacte du temps. Plus de cinquante
années après, c'est-à-dire en 1633, cette re-
marque le dirigea dans la construction d'une
horloge destinée aux observations astrono-
miques.

L'heureuse idée de Galilée excita l'émulation parmi les horlogers les plus distingués de
l'Europe. Ceux de France ne furent pas les derniers à suivre l'impulsion donnée à leur art;
mais leurs travaux ne méritent pas ici une
attention spéciale. Ce ne fut que vers 1713 que
le premier des Leroy, de cette famille dans
laquelle le talent semble être héréditaire, pré-
luda par de nouvelles découvertes en horlogerie
à l'illustration de son nom.

Né à Tours en 1686, de Pierre-Julien Leroy, qui y exerçait lui-même la profession d'horloger, JULIEN LEROY montra dès sa plus tendre enfance un penchant irrésistible pour la mécanique. Dès qu'il eut atteint sa dix-septième année, son père l'envoya à Paris, où son talent trouva plus qu'en province les occasions de se développer. En peu d'années il acquit une grande réputation d'habileté, et en 1713, à l'âge de vingt-sept ans, il fut reçu maître horloger. Avant lui les horlogers anglais, à qui le célèbre Huyghens avait ouvert la carrière, avaient un immense avantage sur les ouvriers français. Leroy ne tarda pas à l'emporter sur eux, et ce fut à cette occasion que Voltaire dit un jour à l'un des fils du célèbre horloger : « Le maréchal de Saxe et votre père ont battu les Anglais. » Mais les victoires de la nature de celle qu'avait remportée l'ingénieux ouvrier sont plus utiles que celles des grands capitaines.

On peut lire dans les *Étrennes chronométriques* de 1760, rédigées par Pierre Leroy fils, l'analyse des travaux de notre célèbre horloger, et le détail des découvertes dues à son esprit exact et inventif. Ce fut lui qui fixa l'huile au pivot des roues et du balancier des montres, réduisit le volume des montres à répétition,

inventa un excellent mécanisme de compensation pour annuler les effets de la chaleur et du
froid sur le pendule, donna le modèle des horloges publiques dites *horizontales*, et enrichit
la gnomonique de plusieurs découvertes. Gra-
ham, le plus célèbre horloger de l'Europe,
après avoir vu une des montres à répétition à
grands mouvements de Julien Leroy, dit à lord
Hamilton, qui la lui montrait : « Je voudrais
être moins âgé, afin d'en pouvoir faire une sur
ce modèle. »

Le désintéressement et la générosité de
Leroy n'étaient pas moins remarquables que
ses lumières et son habileté. Quoique le cardinal de Fleury l'eût pris en grande affection,
la seule faveur qu'il accepta fut, en 1739, un
logement dans les galeries du Louvre. Il pro-
diguait aux jeunes artistes ses conseils et sa
bourse; et il était heureux, quand un ouvrier
l'avait satisfait, de lui payer son travail au delà
du prix convenu.

Julien Leroy mourut le 20 septembre 1759,
et son plus bel éloge fut le concours nombreux
d'ouvriers qui accompagnaient en pleurs sa
pompe funèbre, en répétant qu'ils avaient
perdu leur père et leur appui.

Pierre Leroy, l'un de ses quatre fils, horloger comme son père et héritier de son ta-

lent, porta la confection des montres marines à un point qui lui mérita le prix de l'Académie des sciences. Il fut bon astronome et bon physicien. On distingue parmi ses ouvrages l'Exposé des travaux de Harrison et de Leroy dans la recherche des longitudes en mer, ainsi que son Précis des recherches pour la détermination des longitudes par la mesure artificielle du temps.

Aujourd'hui deux autres Leroy, se rappelant qu'ils ont la réputation de leurs ancêtres à soutenir, sont encore à la tête de l'horlogerie parisienne.

La famille des LEPAUTE s'est également acquis dans l'horlogerie une réputation aussi étendue que méritée. JEAN-ANDRÉ, né à Montmédy en 1709, vint, jeune encore, à Paris, où il ne tarda pas à se concilier l'amitié du célèbre astronome Lalande. En 1753, il construisit pour le palais du Luxembourg une horloge horizontale : c'était une idée de Julien Leroy qui n'avait pas encore été réalisée. Une invention qui appartient en propre à André, c'est celle de l'échappement à cheville, qui a toujours été regardé comme excellent. Ce fut Le-

paute qui construisit la plupart des horloges
qui décorent nos édifices publics. Jean-André
Lepaute rendit de grands services à son art; il
fut du petit nombre des artistes qui savent
joindre à la pratique la théorie des sciences
physiques et mathématiques. Son frère JEAN-
BAPTISTE LEPAUTE fut son aide et son émule. Il
soutint dignement un nom illustre, et sut lui
donner un nouvel éclat. Le morceau capital
sur lequel se fonde sa réputation est l'horloge
de l'hôtel de ville de Paris.

Un digne rival de Lepaute fut FERDINAND
BERTHOUD, qui s'est continué dans ses descen-
dants. Cet artiste, né en Suisse, et dont les premières études avaient été dirigées vers l'état
ecclésiastique, ne put résister au penchant qui
l'appelait à la pratique de l'art de l'horloger; il
vint donc à Paris dans l'intention de s'instruire
aux leçons des artistes les plus célèbres en ce
genre, et depuis cette époque il ne quitta plus
la France. Il acquit promptement une grande
réputation par deux ouvrages qu'il publia sur
la théorie des machines destinées à mesurer le
temps relativement à l'usage civil, à l'astrono-
mie et à la navigation. Plusieurs horloges ma-

rines qu'il exécuta furent soumises à des épreuves sévères, et le savant Borda constata que ces horloges pouvaient faire connaître la longitude en mer à un quart de degré près, ou vingt kilomètres au plus, après une traversée de six semaines, et que la régularité de leur mouvement n'avait rien à redouter de l'explosion du canon. En récompense des progrès qu'il fit faire aux sciences, soit par ses découvertes, soit par ses belles expériences, Ferdinand Berthoud fut créé membre de l'Institut et chevalier de la Légion d'honneur.

Louis Berthoud, neveu et élève de Ferdinand, fabriqua des chronomètres dont la précision et la beauté furent appréciées de tous les savants, et lui valurent le titre d'horloger de la marine.

La famille Berthoud, comme celle des Lepaute, a conservé pendant plusieurs générations l'éclat dont elle avait brillé dans les fastes de l'horlogerie.

Les noms que nous venons de citer occupent une grande place dans l'histoire de l'horlogerie; mais leur célébrité s'efface devant celle de l'artiste dont les découvertes honorent le plus notre époque, de Bréguet, qui, après avoir commencé par être simple ouvrier, devint l'horloger des gouvernements et des rois.

Abraham-Louis Bréguet naquit à Neuchâtel, en Suisse, en 1747, d'une famille protestante qui avait quitté la France après la révocation de l'édit de Nantes. Dans leur nouvelle patrie, ses parents virent d'abord leurs entreprises prospérer; mais une succession de revers anéantit peu à peu leurs ressources, en sorte que le jeune Bréguet apprit de bonne heure qu'il ne devait compter que sur le produit de son travail, et qu'il devait être l'artisan de sa fortune et de sa gloire. Il est à remarquer, dans l'histoire des hommes spéciaux, hommes si utiles et si rares, que presque toujours une occasion, un incident, un fait inattendu vient tracer leur carrière et révéler leur vocation. Ils se trouvent tout à coup, à leur insu, dans l'élément qui leur convient; leurs facultés se développent, et le germe qui était en eux ne tarde pas à se féconder et à porter des fruits. Tel fut Bréguet. Placé au collège à l'âge de douze ans, il n'y apprit rien, et ses maîtres conçurent une assez mauvaise opinion de son intelligence. Pendant qu'il perdait son temps à mal apprendre le latin et le grec, son père mourut, et sa mère se remaria avec un horloger. Celui-ci fit quitter le collège à Bréguet, et l'appliqua, sous sa direction immédiate, à l'horlogerie. L'enfant ne se

livra qu'avec une extrême répugnance à un travail aussi sédentaire, et ses progrès dans l'atelier ne furent pas plus rapides qu'ils ne l'avaient
été sur les bancs du collège.

Une circonstance imprévue vint secouer la
torpeur de ce génie si lent à s'éveiller, et opérer
en lui une de ces métamorphoses presque pro-
digieuses qu'on ne saurait trop recommander à
l'attention des travailleurs. Son beau-père étant
venu à Paris, le jeune Bréguet fut placé chez
un horloger de Versailles qui lui fit faire un
apprentissage régulier. De ce moment seulement son intelligence sembla sortir de la torpeur
dans laquelle elle avait langui jusqu'alors. Les
secrets de son art semblèrent se révéler à lui
tout à coup pour la première fois. Le travail
prit pour lui un charme encore inconnu, et il
ne tarda pas à montrer une singulière aptitude
pour des opérations qu'il avait faites jusqu'alors
avec dégoût. Ce changement vint sans doute de
ce que l'élève avait enfin rencontré un instituteur comme il le lui fallait.

Le temps de l'apprentissage expiré, le maître
ne put s'empêcher d'exprimer à l'apprenti combien il avait à se louer de lui. Mais le jeune
homme se jugeait lui-même avec beaucoup plus
de sévérité ; il se reprochait de n'avoir pas toujours bien employé le temps dont le produit

devait payer les soins et les leçons qu'il avait reçus de son bienveillant instituteur; aussi demanda-t-il comme une grâce de continuer encore trois mois sans salaire. Cette requête d'une nature si extraordinaire, et peut-être sans exemple, continua à resserrer les liens de la tendre affection qui unissait le maître et l'élève.

A peine sorti d'apprentissage, Bréguet, ayant perdu son beau-père et sa mère, se trouva sans fortune et sans appui avec une sœur à soutenir. Il accepta avec résolution la charge que la Providence lui imposait. Cependant il s'en fallait de beaucoup que son instruction fût complète, et il sentait fortement le besoin d'apprendre les mathématiques. Dans cette circonstance, il montra ce que peut l'homme armé d'une volonté courageuse. Tout en travaillant avec assiduité pour sa sœur et pour lui, il trouva le moyen de suivre régulièrement le cours pubic que l'abbé Marie faisait alors au collège Mazarin. Le professeur remarqua bientôt, parmi les centaines d'auditeurs qu'attiraient ses leçons, le jeune horloger et son ardeur pour l'étude. Il le prit en amitié, l'encouragea, et finit par l'adopter comme son élève de prédilection.

L'étroite amitié qui s'était formée entre deux

hommes si dignes l'un de l'autre fut bientôt
brusquement rompue par la tourmente révolutionnaire. Poursuivi, comme tous les ecclésias-
tiques, par la violente injustice de ces monstres
à figure humaine qui couvraient alors notre
pays de sang et de décombres, l'abbé Marie,
pour éviter l'échafaud, fut contraint de quitter
la France, et ne vécut pas longtemps sur la
terre d'exil. Quand ces mauvais jours arrivèrent, Bréguet avait déjà fondé l'établissement
qui depuis produisit tant de chefs-d'œuvre
d'horlogerie et de mécanique, et son nom commençait à sortir de la foule. Tout en surmon-
tant les difficultés de sa position, l'artiste avait
reculé les bornes de l'art. Ses ouvrages étaient
déjà renommés dans toute l'Europe. Une de ses
montres étant tombée sous les yeux du célèbre
Arnold, qui passait pour le premier horloger
de Londres, celui-ci, frappé de l'heureuse conception de ce chef-d'œuvre et de la parfaite
exécution de toutes les pièces, ne put d'abord se
persuader que ce fût l'ouvrage d'un ouvrier
français; mais lorsqu'il en eut acquis la certi-
tude, il se hâta de venir à Paris uniquement
pour se mettre en relation avec son habile con-
frère. Le cœur expansif de Bréguet allait au-
devant de toutes les nobles amitiés; l'horloger
anglais y occupa bientôt une place, et, lorsqu'il

retourna dans sa patrie, Bréguet ne crut pas pouvoir lui donner une plus grande preuve d'estime et d'affection que de lui confier son fils, afin qu'il le formât pour l'art qu'il exerçait avec tant de distinction.

Lorsque Arnold eut satisfait aux devoirs de l'amitié, il rendit son élève à son père, et celui-ci trouva en lui un collaborateur digne de le seconder. Mais bientôt la révolution vint menacer sa fortune et sa vie. Le grand artiste, quoique étranger à la politique, devint suspect au parti dominant. Parce qu'il n'approuvait pas les excès de cette époque déplorable, il fut dénoncé, et ne dut son salut qu'à la protection de quelques personnages influents. Obligé de quitter la France, il se rendit en Angleterre, où il ne cessa de se livrer à de nouveaux travaux dans le but de perfectionner encore l'art qu'il avait déjà porté si loin. Revenu en France après deux ans d'exil qui avaient considérablement augmenté l'étendue de ses connaissances, il y trouva son établissement détruit; mais les secours de ses amis et les nouveaux éléments de succès qu'il rapportait lui eurent bientôt permis de le relever et de l'agrandir. Depuis ce jour il ne cessa d'améliorer toutes les branches de l'art et d'accroître sa réputation, qui finit par être sans rivale. Du reste, nul incident remarquable ne varia sa longue et paisible carrière; la vie fut pour lui une continuité non interrompue de succès, de jouissances et d'honneurs. Il devint tour à tour horloger de la marine, membre du bureau des Longitudes, et enfin membre de l'Institut en remplacement de Carnot. Il fit partie, en 1823, du jury chargé de l'examen des produits de l'industrie; mais cette distinction fut la dernière qu'il reçut. Le 17 septembre de la même année, la France perdit cet homme qui avait tant illustré son industrie. Il expira au moment où il mettait en ordre un grand ouvrage sur l'horlogerie, dans lequel toutes ses découvertes devaient être consignées, et que son fils, héritier de son talent et de sa gloire, a promis de compléter et de livrer à la publicité. Plusieurs discours furent prononcés sur sa tombe, et un de nos poètes, Népomucène Lemercier, consacra des vers à sa mémoire.

Il nous serait impossible de faire ici l'énumération de tout ce que le génie de Bréguet a créé pour le perfectionnement des diverses parties de son art. Il nous suffira de dire que rien n'est plus délicat et plus ingénieux que ses divers échappements, qui tous témoignent de la fécondité de son génie et de la variété de ses plans : l'échappement naturel, qui peut se

passer d'huile, et dont la théorie fut quelque
temps un secret pour le public; l'échappement
à force constante et à remontoir indépendant,
le meilleur de tous ceux que l'on connaît;
l'échappement à hélice, l'échappement à tour-
billons, et le double échappement, qui est sim-
plement une montre double pourvue de deux
échappements et de deux balanciers pour la ré-
gler. C'est à lui qu'on doit l'usage commode
des montres perpétuelles, qui se remontent
d'elles-mêmes, pourvu qu'elles soient portées et
même légèrement ébranlées.

Quelques-unes de celles qu'il a exécutées ont
marché huit ans sans avoir été rouvertes et sans
éprouver la moindre altération. Mais ce qui
fait son plus beau titre de gloire, c'est la régularité qu'il a su donner aux chronomètres de la
marine. Grâce à sa conception hardie, aujour-
d'hui toutes les inégalités de position de cet
instrument sont, pour ainsi dire, égalisées,
et un chronomètre peut éprouver un choc ou
même tomber à terre sans que son mécanisme
en éprouve le moindre dérangement. Pour satisfaire toutes les exigences du luxe et de l'opulence, Bréguet savait créer et multiplier les
chefs-d'œuvre. Aussi ses ouvrages étaient-ils
avidement recherchés des gens du monde, des
souverains même, pour leur élégance et leur

beauté : témoin la fameuse pendule sympa-
thique qu'il fabriqua pour Napoléon, et que
celui-ci envoya à l'infortuné sultan Sélim III.

On n'aurait qu'une idée imparfaite de Bréguet si nous n'ajoutions qu'à ses rares talents
il joignait les plus aimables qualités sociales.

Il était recherché dans les premières classes
de la société, où il comptait plusieurs amis. Il
conserva jusqu'à ses derniers moments la
naïveté de la jeunesse et même celle de l'enfance; il voyait tout en beau, excepté ses ouvrages; en lui tout était égal, uni, simple; il
était timide, sans être jamais embarrassé; il y
avait chez lui quelque chose du bon la Fontaine; jamais il ne voulut quitter sa petite et
modeste maison, où la fortune était venue le
trouver.

Pour achever de le peindre par un dernier
trait, nous dirons qu'ayant été ouvrier lui-
même, il était le protecteur de tous les bons
ouvriers; il les cherchait partout, même à l'é-
tranger, les perfectionnait en grand maître, et
les traitait en bon père.

———————

Parmi les dernières conquêtes de l'horlogerie,
il faut placer les horloges électriques.

Tout le monde a remarqué combien il est difficile d'obtenir une concordance parfaite entre plusieurs horloges, et il suffit de jeter les yeux sur les cadrans qui ornent les monuments publics pour se convaincre de l'irrégularité de ces appareils, malgré le soin avec lequel ils ont été établis. Pour réaliser un synchronisme absolu entre tous leurs mouvements, il faudrait débarrasser chaque horloge de ses rouages compliqués, la réduire au seul cadran, et imprimer aux aiguilles un mouvement de rotation au moyen d'une chaîne mue par une seule horloge-type ou horloge directrice. Ce n'est là, on le comprend tout de suite, qu'un rêve de l'esprit, et cependant l'électricité nous donne le moyen de réaliser presque complètement cette merveille.

Expliquons en peu de mots cet ingénieux mécanisme. Toute horloge est munie d'un pendule ou balancier, destiné à régulariser la détente du ressort moteur, et qui, pour l'ordinaire, bat la seconde à chacune de ses oscillations. Qu'on dispose, à chaque extrémité de sa course, deux petites lames métalliques que le balancier, dans son mouvement de va-et-vient, touchera alternativement à chaque oscillation. Si ces lames métalliques sont attachées au fil conducteur d'une pile électrique, il est évident que le courant voltaïque, ouvert un moment par le contact du balancier avec la lame, sera fermé aussitôt que le balancier reviendra sur ses pas. A chaque oscillation du pendule de l'horloge-type ou directrice, il y aura donc alternativement établissement ou rupture du courant voltaïque. Tel est le mécanisme fort simple du point de départ.

Le fil conducteur, parti de l'horloge directrice, sera ensuite conduit, à telle distance qu'on voudra, vers un autre cadran muni de ses aiguilles mues par une simple roue à rochet en relation avec un électro-aimant. Lorsque le courant électrique sera établi dans le fil par le contact du balancier avec la lame, l'électro-aimant sera subitement aimanté et attirera à lui un petit levier, qui laissera marcher la roue avec les aiguilles qu'elle entraîne dans son mouvement; ce mouvement sera aussitôt interrompu par l'interruption du courant électrique, pour reprendre et s'interrompre encore sous l'influence des mêmes causes. Il est donc évident que chaque mouvement du balancier régulateur sera répété par les aiguilles du cadran éloigné, et que les deux cadrans seront en concordance parfaite, pourvu que leurs aiguilles aient été mises au même point de départ. Cette ingénieuse disposition, en supprimant toutes les causes d'erreur inhérentes aux mécanismes compliqués, permet donc d'obtenir à peu de frais le mouvement synchronique de tous les cadrans d'une grande ville.

L'horlogerie électrique est appelée à rendre de grands services dans les villes, en distribuant partout la mesure du temps d'une manière uniforme. Un certain nombre de pays étrangers nous ont déjà précédés dans cette voie, et parmi eux nous pouvons citer l'Angleterre, les États-Unis et quelques villes d'Allemagne. En France, cette nouvelle application de l'électricité ne s'est encore répandue que d'une manière fort incomplète. Quelques chemins de fer ont cependant établi un service électrique qui distribue l'heure aux cadrans de toutes les gares de leur réseau.

CHAPITRE V

ARTS ET MÉTIERS

§ Ier

ORFÈVRERIE

Benvenuto Cellini. — Ballin. — Germain. — Ruolz.

En tout temps et dans tous les pays, on a cherché à ajouter à la valeur de l'or et de l'argent par l'élégance et le bon goût des formes données aux objets pour la fabrication desquels on employait ces précieux métaux. Les livres saints et les historiens profanes nous ont transmis des détails merveilleux sur les richesses d'orfèvrerie répandues dans l'Asie, l'Égypte, la Judée, la Grèce et l'Italie; on sait combien d'ouvrages magnifiques en or éblouirent les premiers conquérants de l'Amérique. Au xve et au xvie siècle, l'Italie et l'Allemagne firent les plus rapides progrès dans l'art de l'orfèvrerie et de la ciselure sur or et sur argent. Aucun artiste n'a obtenu plus de gloire dans ce genre que celui dont nous allons esquisser la vie agitée et aventureuse.

Benvenuto Cellini, né à Florence en 1500, fut tour à tour ou en même temps, suivant son caprice, écrivain, peintre, sculpteur, orfèvre et graveur; toutefois ce sont surtout les ornements pleins de délicatesse dont il enrichit les vases, les aiguières et les armes sortis de son atelier, qui ont établi sa réputation. Il a laissé les mémoires de sa vie, où l'on trouve beaucoup de grâce et de naïveté, avec de la licence et un excès prodigieux de vanité. Son père, qui était un pauvre musicien attaché à la cour, fut tellement enchanté de se voir enfin un fils qu'il souhaitait depuis longtemps, qu'il lui donna le nom de *Benvenuto*, c'est-à-dire le bienvenu. Si l'on en croit les mémoires de Cellini, sa naissance et sa jeunesse furent marquées par des prodiges du genre de ceux que l'on croyait alors devoir toujours accompagner la venue des hommes prédestinés.

On voulut d'abord lui faire étudier la musique; mais le jeune artiste, qui montrait déjà l'esprit ardent et la volonté opiniâtre qui le caractérisèrent durant toute sa vie, manifesta une répugnance invincible pour cet art; plus tard cependant, par un de ces retours capricieux auxquels il était sujet, il revint tellement sur cette première impression, qu'il quittait les travaux les plus urgents pour passer des journées entières à jouer de la la flûte. Quoi qu'il en soit, les premières leçons que lui donna son père lui parurent tellement insupportables, qu'il abandonna sa famille et s'enfuit à Pise, où il fut admis chez un orfèvre qui ne tarda pas à reconnaître les dispositions étonnantes de son apprenti.

Devenu l'un des plus habiles ciseleurs de son siècle, Benvenuto revint à Florence, puis se rendit à Rome, où il se vit bientôt à la mode; le pape lui-même ne crut pas pouvoir confier à des mains plus habiles la direction de sa monnaie et l'exécution de nombreuses médailles.

C'est à cette époque de la vie du célèbre artiste que se rapporte bon nombre d'aventures qu'il n'entre pas dans notre plan de raconter ici; plein d'énergie, indépendant et fantasque, Benvenuto s'abandonnait sans retenue à toutes ses passions; il se riait de tous les pouvoirs, de toutes les convenances sociales, et souvent son poignard se teignit du sang de ceux dont il croyait avoir à se plaindre; il lui arriva même de soutenir un siège dans sa maison contre les gardes envoyés pour le saisir. Après ces traits d'audace, qui passeraient aujourd'hui justement pour des crimes, et qu'il se plaît à représenter dans ses mémoires comme les actes qui lui font le plus d'honneur, Cellini se cachait quelque temps, et enfin son talent lui faisait obtenir grâce pour des méfaits qui d'ailleurs n'étaient que trop ordinaires dans les temps d'agitation où il vivait. Son courage fut un jour employé plus utilement : le pape Clément VII, assiégé par le connétable de Bourbon, confia à Benvenuto la défense du château Saint-Ange, où il s'était réfugié; et l'artiste s'acquitta de cette mission comme s'il eût été élevé au milieu des armes.

Après plusieurs voyages à Naples, à Florence, à Venise, et enfin à Paris, où les offres du roi François Ier ne purent le fixer, Benvenuto, de retour à Rome, et toujours mécontent de ses protecteurs, lassa par ses bizarreries la patience du pape Paul III, qui le fit enfermer. La peinture de son désespoir en se voyant privé de sa liberté, et le récit de ses tentatives d'évasion, forment une des parties les plus intéressantes de ses mémoires. Il sortit enfin de prison sur les instances de François Ier, qui l'appela auprès de lui et lui donna le château de Nesle pour sa demeure. Benvenuto ne tarda pas à se faire de nombreux ennemis par ses manières hautaines et fantasques ; en 1545 il revint à Florence, où il fondit pour le duc Côme sa fameuse statue de Persée.

La vieillesse de Cellini ne fut pas heureuse : ses rivaux l'accablèrent de persécutions ; il mourut enfin en 1571, laissant la réputation d'un des artistes les plus éminents de son siècle.

Dans des temps plus rapprochés de nous, l'orfèvrerie se perfectionna en France, et de nos jours elle s'est emparée du premier rang. Au XVIIe siècle, CLAUDE BALLIN se fit une grande réputation dans cet art. Né à Paris en 1615, d'un père orfèvre lui-même, il consacra sa jeunesse à l'étude sérieuse du dessin, et il se plaisait surtout à reproduire les compositions du Poussin. A peine âgé de dix-neuf ans, il fit quatre bassins d'argent, de soixante marcs chacun, où il avait admirablement représenté les quatre âges du monde. Le cardinal Richelieu, qui ne pouvait se lasser de contempler ses chefs-d'œuvre de ciselure, dont il avait fait l'acquisition, lui fit faire quatre vases antiques pour assortir les bassins.

A partir de ce moment Ballin, prenant confiance en ses forces, porta son art au plus haut point. Il fit, d'or émaillé, la première épée et le premier hausse-col que Louis XIV ait portés; le même prince lui commanda le chef de saint Remi, qu'il donna à l'église de Reims lors de son sacre; un miroir d'or de quarante marcs pour Anne d'Autriche; de grands guéridons de deux mètres soixante-quinze centimètres à trois mètres de hauteur, pour porter des flambeaux et des girandoles; des tables, des vases, des candélabres, etc. Malheureusement tous ces magnifiques objets furent fondus pour fournir aux dépenses de la guerre qui finit par la paix de Ryswick.

Lorsque, après la mort de Warin, Ballin eut la direction du balancier des médailles et des jetons, il montra dans ces petits ouvrages le même goût qu'il avait fait paraître dans les grands. Il mourut en 1678, à l'âge de soixante-trois ans.

PIERRE GERMAIN, qui fut orfèvre du roi à peu près dans le même temps, n'excella pas moins dans le dessin et dans la gravure. Colbert le chargea de ciseler les dessins allégoriques sur les planches d'or qui devaient servir de couverture aux livres contenant le récit des conquêtes du roi. Ce travail précieux fut justement admiré et dignement récompensé. On a encore de lui des médailles et des jetons où il avait représenté les événements les plus remarquables du règne célèbre sous lequel il vivait. On doit déplorer que la plus grande partie des chefs-d'œuvre de cet artiste aient aussi été fondus dans des temps calamiteux. Si l'on avait conservé des modèles en cuivre des plus belles pièces, cette collection serait très précieuse pour les artistes. Cette idée n'a pas échappé à notre célèbre orfèvre Odiot père, qui a déposé au Luxembourg ses modèles, destinés à constater dans tous les temps le goût de l'orfèvrerie sous Napoléon.

Germain, né à Paris en 1647, mourut en 1684.

Les orfèvres modernes dont la France peut se glorifier soutiennent aujourd'hui dignement la réputation que leurs prédécesseurs avaient faite à notre industrie nationale. Parmi les œuvres modernes les plus célèbres, on cite : le berceau du roi de Rome, exécuté en 1811, par Thomire et Odiot, d'après les dessins de Prudhon ; la statue de la Paix, exécutée au marteau par M. Cheret, et que l'on voit aux Tuileries ; la châsse de saint Vincent de Paul, qui décore la chapelle des pères lazaristes de Paris, et qui est due à M. C. Odiot; une statue de Henri IV enfant, exécutée par le même, d'après Bosio ; le service de table de l'empereur ottoman, qui a été payé trois cent mille francs à Odiot père ; enfin un grand nombre de pièces remarquables dues à Fauconnier, Philibert, Faustin, le Franc, etc.

Depuis un quart de siècle, l'orfèvrerie a trouvé un puissant auxiliaire dans la galvanoplastie.

La galvanoplastie, qui forme aujourd'hui une industrie très importante, est une découverte moderne et l'une des applications les plus

ingénieuses et les plus utiles de la pile voltaïque. On donne ce nom à un ensemble de
moyens qui permettent de précipiter sur un
objet, par l'action d'un courant galvanique,
un métal en dissolution dans un liquide, de
manière à former à la surface de cet objet une
couche continue qui représente exactement
tous les détails, même les plus délicats, de
l'original.

En 1837, un jeune physicien anglais,
Thomas Spencer, faisait agir une petite pile
dont les deux extrémités étaient plongées, l'une
dans une dissolution de sulfate de cuivre, l'autre
dans une dissolution de sel marin; il remarqua
que le cuivre de la dissolution, en se réduisant
sous l'influence de l'électricité et en se déposant
sur l'élément négatif, reproduisait exactement
les moindres aspérités de la surface métallique
sur laquelle il se déposait. Une pièce de monnaie, soumise à cette action, donna une contre-
épreuve d'une merveilleuse fidélité. Après une
telle observation, la galvanoplastie était créée.
En effet, après avoir moulé en creux des médailles et des monnaies, Spencer se servit de
ces moules pour obtenir des contre-épreuves
qui étaient les fac-similé parfaits de l'original.
A la même date, le physicien Jacobi, en Russie,
faisait la même découverte.

Depuis ces premiers essais, exécutés en 1837, la galvanoplastie a fait de très grands progrès et a reçu les applications les plus diverses. Grâce à ces procédés, on reproduit les monnaies, les médailles, les cachets, les timbres et les sceaux avec une exactitude parfaite ; on recouvre de cuivre une statuette, un groupe ou tout autre objet moulé en plâtre. Mais ce ne sont guère là que des expériences curieuses. La galvanoplastie fournit à l'art du fondeur des applications d'une tout autre importance. Au lieu de fondre un objet en métal par les procédés ordinaires, on en obtient un moule de plâtre en creux qu'on métallise par une mince couche de plombagine, et on soumet ce moule à l'action d'une pile dans un bain de sulfate de cuivre ; le cuivre se dépose, et quand la couche est d'une épaisseur suffisante, on enlève le moule, qui laisse à découvert l'objet parfaitement reproduit. Les statuettes, les bas-reliefs, les diverses figurines métalliques qu'on trouve dans le commerce, sont obtenus par les mêmes moyens.

La dorure et l'argenture galvaniques ne sont qu'une application des procédés de la galvanoplastie ; seulement, au lieu de sels de cuivre, on emploie des sels d'or ou d'argent qu'on fait réduire par l'action de la pile.

C'est surtout à M. de Ruolz qu'on doit en France le développement de cette dernière industrie.

Henri de Ruolz, d'une bonne famille française, avait commencé par s'occuper de musique, et, redoutant les lenteurs et les difficultés qu'on rencontre à Paris, il avait fait exécuter un opéra en 1834 sur le théâtre San-Carlo de Naples. Le succès qui accueillit cette tentative semblait attacher le jeune compositeur à la carrière lyrique, lorsque la perte totale de sa fortune le força à tourner ses efforts d'un autre côté, et à diriger ses aptitudes vers l'étude des sciences appliquées. Un jour, un joaillier de ses amis lui apporta des objets de décoration en cuivre, fabriqués à l'estampage, et lui demanda s'il ne pouvait pas trouver un moyen nouveau de les dorer, la dorure au mercure ne pouvant s'appliquer à ces sortes de pièces à cause de leurs anfractuosités. M. de Ruolz chercha, et après une année entière de tentatives fécondes, il avait trouvé un procédé industriel de dorure et d'argenture. En 1841, il lut à l'Académie des sciences un mémoire où il exposait tous les détails de sa découverte. Il allait exploiter son brevet, lorsqu'un Anglais, nommé Elkington, qui avait acheté une découverte toute semblable faite en Angleterre et en avait pris un brevet en France, lui signifia d'avoir à suspendre toute fabrication. Un procès ruineux était imminent, lorsque les deux rivaux, mieux inspirés, confondirent leurs droits par un traité et se mirent à exploiter en commun la nouvelle invention. Ainsi est née cette belle industrie de la dorure et de l'argenture galvaniques, grande et lucrative industrie, qui est un des plus puissants auxiliaires de l'orfèvrerie.

§ II

PEINTURE SUR VERRE ET SUR PORCELAINE

Bernard Palissy.

L'invention du verre remonte aux temps les plus reculés. La tradition l'attribue à des navigateurs phéniciens qui, faisant cuire leur repas sur les bords de la mer, aperçurent autour du feu des masses coagulées dont la dureté et la transparence fixèrent vivement leur attention; ces masses n'étaient autre chose que du verre produit par la calcination du sable des bords de la mer, qui est toujours imprégné de matières alcalines. La première fabrique régulière de verre dont l'histoire fasse mention est celle de la grande Diospolis (*Diospolis magna*), capitale de la Thébaïde. On y travaillait avec une précision remarquable; on y faisait des coupes représentant des figures à l'aspect mobile et varié; on y taillait et dorait le verre avec une admirable habileté. Cette industrie ne pénétra dans l'empire romain que sous Tibère. De l'Italie elle passa en France, et plus tard, c'est-à-dire en 673, de France en Angleterre. A cette époque fut construite l'abbaye de Wiremouth par des ouvriers venus de France, qui ornèrent de vitres les fenêtres de l'église et celles du manoir.

L'homme est sans cesse à la recherche des moyens qui peuvent agrandir la sphère dans laquelle il se meut, et lui faire la vie la plus *confortable*. Dès que le verre fut connu en France, l'industrie se hâta de s'emparer d'une découverte aussi importante, et de faire servir tout ce qu'elle pouvait produire à satisfaire le goût des classes opulentes pour le luxe. Après avoir substitué aux peaux sèches et apprêtées, à la corne fendue en feuilles, et aux feuilles de papier huilé qui fermaient les ouvertures des maisons de nos pères, les vitres qui donnent un accès plus libre au jour, le génie français, sous l'influence de la pensée chrétienne, inventa l'art de peindre sur le verre, art dont nos vieilles cathédrales nous offrent des monuments inappréciables, et où le moyen âge se montre à nous, pour ainsi dire, vivant avec ses croyances, ses mœurs, son histoire et ses personnages. D'abord incertain dans sa manière, ce nouveau genre de peinture chercha longtemps, sans pouvoir l'atteindre, un procédé fixe et durable.

Ce ne fut que vers le milieu de xve siècle que parurent les premiers essais de la véritable peinture sur verre, de cette peinture dont les couleurs émaillées au feu font corps avec le verre ; et dès lors l'art émancipé ne réclama plus que des mains habiles pour arriver à la perfection. Jacques l'Allement et le célèbre Albert Dürer en Allemagne, Henri Meillein à Bourges, Angrand Leprince à Beauvais, furent les premiers qui répondirent à son appel. Bientôt il ne s'agit plus seulement d'appliquer la nouvelle découverte aux vitraux des églises ; on s'occupa aussi de la faire servir à l'embellissement de la poterie de terre, connue depuis sous le nom de *faïence.* L'inventeur ou plutôt l'introducteur en France de cette industrie fut Bernard Palissy, homme justement célèbre, et qui mérite d'autant plus de trouver place dans notre recueil, que nul mieux que lui n'a prouvé ce que peut une volonté inébranlable, alors même qu'elle est dénuée de tout secours.

Bernard Palissy naquit vers 1499, près de Biron, village de l'ancien diocèse d'Agen. Ses parents, malgré leur pauvreté, lui firent apprendre à lire et à écrire, ce qui était beaucoup pour ce temps-là. Un arpenteur venu dans le pays pour en lever le plan, ayant remarqué la précoce intelligence de cet enfant et l'attention qu'il prêtait à ses travaux, demanda à ses parents la permission de l'emmener avec lui pour lui apprendre son état. Le jeune Bernard fit de si rapides progrès dans la géométrie pratique, qu'à peine sorti d'apprentissage il était souvent chargé par les tribunaux de dresser le plan des propriétés litigieuses. Mais ce travail était loin de suffire à son activité dévorante, il s'occupait encore de dessin et de peinture sur verre ; il excellait même tellement dans cette dernière industrie, que de plusieurs endroits on venait le chercher pour orner les églises et les châteaux des grands seigneurs.

En 1529, Palissy quitta son village natal pour venir s'établir à Saintes, où il se maria. Dans cette nouvelle résidence, il eut le chagrin de voir ses diverses professions, dont l'exercice lui manquait quelquefois, devenir chaque jours moins lucratives. Son imagination se laissait donc aller aux idées spéculatives, vers lesquelles il était d'ailleurs naturellement porté, lorsqu'un heureux hasard vint donner à son activité un nouvel aliment. Un jour, une coupe de terre émaillée, sortant sans doute

Bernard Palissy ne peut retenir un long cri de joie qui retentit
dans sa maison désolée.

des fabriques italiennes de Faenza, alors célèbres dans toute l'Europe, tomba entre ses
mains; il la trouva si belle, que de ce moment,
comme il le dit lui-même dans son *Traité
de l'art de terre*, « il entra en dispute avec sa
pensée, » ne rêvant plus que le moyen d'arriver à l'exécution d'un vase semblable.

Subjugué par cette idée, il abandonna tout
à fait la peinture sur verre, qui, tout impro-
ductive qu'elle était, assurait cependant son
existence et celle de sa famille. On le vit alors
consacrer tous ses instants à pétrir la terre, à
la recouvrir de préparations inconnues et variées à l'infini; on le vit tantôt aller chez les
potiers, tantôt chez les verriers, pour essayer
ses émaux à leurs fours; mais les heureuses
découvertes ne sont pas toujours faciles. Palissy, marchant au hasard, ne manqua pas de
s'égarer. Tous ses essais furent infructueux,
et bientôt la misère vint attrister son intérieur.
Le grand artiste ne se laissa pas un instant dé-
courager, et lutta contre tous les obstacles avec
une admirable énergie. La moindre lueur de
succès qui lui apparaissait faisait renaître toutes
ses espérances; et, pour oublier les souffrances
qu'il endurait, les privations dont il était entouré, il n'avait que l'espoir lointain, incertain, dont il se nourrissait sans cesse; il n'avait

que la conscience intime d'un génie méconnu,
le sentiment intérieur d'une grande découverte
qu'il ne pouvait encore compléter et mettre en
lumière.

Chaque jour il comptait sur un succès défi-
nitif pour le lendemain, et le lendemain n'a-
menait qu'une nouvelle déception. Ses voisins
les plus bienfaisants le traitaient de fou, les
autres le regardaient avec terreur : on le soupçonnait de sorcellerie, ou du moins de fabrication de fausse monnaie. Son extrême misère
aurait dû le mettre à l'abri de cette dernière
accusation. En effet, il était réduit aux plus
déplorables extrémités, et, pour comble de dé-
solation, il n'était pas seul à souffrir ; sa femme,
ses enfants, mourant de faim, le suppliaient
constamment, et avec les larmes du désespoir,
de renoncer à des espérances chimériques, à
d'inutiles tentatives, et de reprendre un honnête métier qui leur donnait au moins du pain.

Quinze années se passèrent ainsi, pendant
lesquelles le pauvre Bernard s'obstina contre
les déceptions de tous les genres, avec cette
brûlante ardeur qui anime tous les hommes
voués à la poursuite d'une grande découverte.
Un jour il crut avoir trouvé la solution tant
cherchée ; il va voir ses rêves se réaliser : un
nouvel obstacle plus imprévu que tous les au-

tres vient encore l'arrêter. Un ouvrier potier qu'il avait associé à ses essais lui déclare brusquement qu'il le quitte, et exige immédiatement le salaire qui lui est dû. Palissy, dépouillé de ses dernières ressources, lui donne en payement ce qui lui reste de vêtements. Alors notre pauvre artiste fut réduit à tout faire par lui-même. Il pilait, il broyait les matières de ses émaux et chauffait le four qu'il avait construit de ses mains; mais il n'avait pas encore passé par la plus terrible des épreuves qui lui étaient réservées. Un jour qu'il avait livré à la flamme de son four un nouvel essai dans lequel reposait sa dernière espérance, le bois vint à lui manquer. Tout lui sembla perdu, et il fut un instant écrasé par le désespoir. Mais tout à coup le courage lui revint, et il eut un moment sublime de passion : il courut à son jardin, arracha les pieux qui soutenaient ses treilles, les brisa, et bientôt le four fut embrasé; puis, quand la flamme s'apaisa et menaça de s'éteindre, il eut recours à ses meubles : après les chaises il brûla les tables; après les portes et les fenêtres, le plancher de sa maison. C'était le dernier effort de l'artiste; mais cet effort avait enfin assuré son triomphe. Palissy se jette avec avidité sur la pièce de poterie qu'il retire de son four, et, en voyant les éclatantes couleurs dont elle est parée, il ne peut retenir un long cri de joie qui retentit dans sa maison désolée. Sa femme et ses enfants, accourus autour de lui, hésitent encore à croire à un bonheur dont ils ont si longtemps désespéré.

Bernard vit son triomphe avec autant de calme qu'il avait déployé de courage pour accomplir son œuvre. Une fois que ses poteries eurent acquis le degré de perfection qu'il voulait leur donner, elles se répandirent par toute la France, et la fortune sourit enfin à l'homme de génie qui avait enduré tant de privations.

La réputation de Palissy étant parvenue à la cour, Henri II s'empressa de lui demander des vases et des figures pour l'ornement de ses jardins. Quelque temps après il l'appela à Paris, et lui donna un logement dans le palais des Tuileries. Ce fut alors que Bernard obtint le brevet d'inventeur des *rustiques figulines*[1] du roi, de la reine mère et du connétable de Montmorency. On ne le connaissait à Paris que sous le nom de *Bernard des Tuileries*.

Bernard Palissy ne doit pas seulement être admiré pour la portée d'intelligence que sa découverte suppose ; il faut encore l'honorer

---

1 *Figulina* veut dire en latin toute sorte de poterie.

pour l'utilité de cette même découverte. C'est
à lui qu'on doit la faïence, et par suite la por-
celaine française. Nous pouvons le nommer le
père de nos arts céramiques. Mais là ne se
bornent pas les services rendus au monde par
cet homme habile. Il forma le premier cabinet
d'histoire naturelle qu'ait possédé la France,
et il éprouva le généreux besoin de faire parti-
ciper ses semblables aux trésors de science qu'il
avait amassés avec tant de peine et de persévérance. C'est ainsi qu'il voulut, dans Paris
même, en présence des plus habiles physiciens
de son temps, ouvrir un cours d'histoire naturelle dans lequel il substitua aux vaines expli-
cations des anciens philosophes des faits posi-
tifs et des démonstrations certaines. A cette
profondeur de pensée qui n'appartient qu'au
génie, Palissy joignait aussi le talent non moins
précieux de l'écrivain. Nous n'en voulons
d'autre preuve que son *Traité de l'art de terre,*
dans lequel, quoiqu'il ne sût ni grec ni latin,
son style rapelle souvent le style de Montaigne.
C'est dans ce livre, dont chaque page respire
un charme indicible, qu'il faut lire les peines
sans nombre, les angoisses sans fin qu'il eut
à supporter pendant plus de vingt ans. On se
sent le cœur serré au récit de pareilles souffrances.

Pourquoi faut-il que l'erreur de l'hérésie ait obscurci l'éclat d'une vie si belle et si utile! Palissy avait embrassé avec chaleur les principes de la prétendue réforme. Arrêté une première fois lors de l'édit contre les protestants rendu à Écouen, en 1559, par Henri II, il ne recouvra la liberté que grâce aux sollicitations du connétable de Montmorency auprès de Catherine de Médicis. C'est à cette haute protection qu'il dut aussi d'échapper aux journées sanglantes de la Saint-Barthélemy. Mais plus tard rien ne put dérober le vieux huguenot à l'investigation du fameux tribunal des Seize : il fut arrêté de nouveau et renfermé à la Bastille, où, ayant refusé opiniâtrément d'abjurer l'hérésie, il mourut à l'âge de quatre-vingt-dix ans.

§ III

IMPRIMERIE

Gutenberg. — Plantin. — Bodoni.

L'invention de l'imprimerie n'est pas aussi moderne qu'on le croit communément. Dès la plus haute antiquité on tirait des empreintes avec des cachets ou des sceaux, et avec divers emblèmes taillés dans le bois. A la Chine, au Japon, l'impression tabellaire est en usage depuis plus de deux mille ans. Les Grecs et les Romains connaissaient les sigles ou types mobiles; et dans les ruines d'Herculanum on a trouvé des billets d'invitation imprimés par ce procédé. Mais la découverte de l'imprimerie en caractères mobiles, cette sublime invention qui a changé la face du monde, appartient au xve siècle, à ce siècle qui produisit tant de merveilles, et qui serait encore grand alors même qu'il n'aurait pas à se glorifier de l'héroïsme inspiré de Jeanne d'Arc et de la découverte du nouveau monde.

Pendant des siècles, le véritable auteur d'une si haute création a été méconnu; on en attribuait faussement le mérite au Hollandais Laurent Coster. Voici, suivant la tradition néerlandaise, comment le sacristain de Harlem conçut la première idée de sa puissante découverte. Un jour qu'il se promenait seul dans les bois, il lui prit fantaisie de tailler dans des morceaux d'écorce de hêtre des lettres en relief. Au moyen de ces caractères, il reproduisait sur du papier quelques vers et de courtes phrases pour l'instruction de ses petits-fils. Aidé de son gendre, il inventa une encre plus visqueuse, avec laquelle il imprima en langue flamande le *Speculum humanæ salvationis*, ouvrage composé de lettres et d'images; mais l'examen de cette impression autorise formellement à dire que ce n'était là qu'une reproduction de la gravure sur bois. Il n'y avait que la mobilité des types qui pût constituer l'art typographique proprement dit. Or cette mobilité, Laurent Coster ne la connut pas. Quoique les premiers produits de ce procédé ne portent pas, du moins authentiquement, le nom de Gutenberg, l'opinion générale qui lui en attribue l'invention se fonde sur un tel nombre de faits et de témoignages, qu'elle n'est plus aujourd'hui contestée.

Hans ou Jean Gensfleisch aus Sulgeloch [1], surnommé Gutenberg, naquit à Mayence vers 1400, au sein d'une famille patricienne. Les traditions les plus dignes de foi nous apprennent que le père Gensfleisch, très noble de courage et de dignité équestre, possédait deux maisons à Mayence, l'une appelée *Zum Jungen,* l'autre *Zum Gudimberg,* ou *Gudenberg,* dont on a fait *Gutenberg.*

Gutenberg vint à Strasbourg à l'âge de vingt ans. Il paraît qu'il s'y occupa d'abord de l'art du lapidaire. Ce ne fut qu'en 1436 qu'il communiqua une invention qu'on suppose être celle des caractères mobiles; puis il forma une association qui avait pour but de mettre en œuvre un art secret et merveilleux, association dont les principaux membres étaient trois ouvriers: André Dritzehen, Jean Riff et André Heilman. Dans la description de cet art, il est question d'une presse montée, de planches serrées par des vis et fixées sur la presse, lesquelles planches se *décomposent* quand les vis sont desserrées. Voilà, à ne pas s'y méprendre, l'imprimerie s'efforçant de naître. Si les documents de

---

[1] *Gensfleisch* signifie en allemand *chair d'oie,* et le nom de *Sulgeloch* provenait d'un petit manoir patrimonial que la famille de Gutenberg habitait avant de venir s'établir à Mayence.

l'époque ne disent pas le mot, c'est que le mot n'était pas encore inventé.

Les titres de Gutenberg sont donc clairs et formels. Il est le père de la typographie telle que nous la connaissons. Les premiers caractères qu'il employa sont restés longtemps à Strasbourg; ils étaient sculptés en bois et percés latéralement pour pouvoir être enfilés les uns à côté des autres. Pendant dix ans il travailla avec ces caractères à Strasbourg, en sorte que cette grande cité peut avec raison être regardée comme le berceau de l'imprimerie. Certains détracteurs du grand homme, dans le but de le frustrer de la gloire d'une découverte qu'il paya par tant d'années de soucis et de veilles, ont supposé qu'en 1439 il voyagea en Hollande et qu'il s'engagea comme domestique chez Laurent Coster, pour lui voler le secret de l'art typographique. Or nous retrouvons dans les relations de Tentzel, de Paulus Perter, de Schœpflin, de Jacques Oberlin, la lumière des Strasbourgeois, qu'en cette même année 1439 Gutenberg était toujours à Strasbourg, où il se voyait obligé, sous peine de perdre les instruments de ses opérations mystérieuses, de payer une forte indemnité aux héritiers d'un de ses associés, André Dritzehen, mort avant d'avoir vu sortir du laboratoire où il avait aventuré quelques deniers l'or qu'il poursuivait de ses avides désirs.

En 1445, Gutenberg quitta Strasbourg pour retourner à Mayence, emmenant avec lui sa femme *Ennelin sur eisern Thüre* (Anne à la Porte de Fer), qu'il avait épousée dans sa jeunesse et dont l'humeur acariâtre ne fut pas un des moindres tourments de sa vie. S'il n'avait point eu à se louer des procédés de ses associés à Strasbourg, des chagrins bien autrement réels l'attendaient dans sa patrie. Jusqu'alors tous ses efforts, toutes ses dépenses n'avaient abouti qu'à des essais informes et stériles; son œuvre n'était qu'ébauchée. Toujours occupé de vaincre les difficultés de son entreprise, il fit à Mayence de nouvelles tentatives, et ôsa rêver l'impression d'une Bible. Mais sa fortune personnelle, considérablement entamée par ses premiers essais, ne lui permettait plus de faire seul les frais d'une pareille opération. Plein de son projet, fort de ses vingt-cinq ans d'étude, il s'associa avec un opulent orfèvre nommé *Jean Faust* ou *Fust,* et consentit avec lui un traité par lequel il lui assurait la moitié de ses bénéfices.

Les fonds trouvés, Gutenberg pensa avec raison que l'emploi des lettres sculptées une à une sur bois ou sur métal rendrait impraticable

l'impression d'un ouvrage de longue haleine.
Il fallait donc trouver un moyen d'opérer autrement. Son génie inventif ne lui fit pas défaut.
Graver des poinçons, frapper des matrices et y
fondre des lettres séparées, fut une autre conception heureuse et féconde, qui jaillit de son
cerveau et compléta tout le système de l'imprimerie. Pierre Schœffer, habile ouvrier arrivant
de Paris, fut employé à la fonte des caractères,
et eut ainsi une grande part aux premiers progrès de l'art typographique. Voilà donc cette
trinité de Gutenberg, Faust et Schœffer, trinité
si longtemps symbolique de l'imprimerie, et
dont on a fait tant de bruit. Nous voyons à
quelles proportions elle se réduit, et quelle part
revient à chacun des trois noms qui la composent, dans la plus admirable des inventions
humaines.

Après avoir achevé la Bible, deux volumes
in-folio de six cents pages chacun, Gutenberg
entreprit le Psautier, ce chef-d'œuvre resté ini-
mitable dans la typographie, comme la Vénus
de Médicis ou l'Apollon du Belvédère dans la
sculpture. Bientôt l'imprimerie de Mayence devint célèbre. Les exemplaires de la Bible cou-
rurent l'Europe, aux acclamations, aux béné-
dictions de tous.

Faust, voyant dans la nouvelle découverte

beaucoup d'argent et beaucoup de gloire à acquérir, pensa qu'il valait mieux posséder seul
ces deux choses en entier que de les partager.
Lorsqu'il eut épié tous les secrets de son associé,
lorsqu'il fut initié à tous les procédés de son art
et qu'il eut exploité pendant quelques années
sa patience et son travail, il résolut de se débarrasser de lui, et pour y parvenir il le fit assi-
gner en payement de deux à trois mille florins
qu'il prétendait lui être dus (1455). Gutenberg
soutint d'abord que sa dette ne s'élevait pas si
haut; mais le génie ne se connaît point en
chiffres. Faust avait dressé les comptes : il en
affirma la sincérité par serment devant la justice. Gutenberg fut condamné à payer, et
comme il n'avait pas assez d'argent, ses caractères, sa presse, son atelier tout entier restèrent
à l'orfèvre mayençais, qui s'en servit pour finir
le Psautier avec Schœffer.

Dépouillé par Faust, Gutenberg forma un
autre établissement en 1456, avec le secours
du syndic de Mayence, Conrad Humery, et sous
la protection de l'archevêque électeur Adolphe.
Plusieurs magnifiques ouvrages sortirent de ce
nouvel atelier, entre autres le *Catholicon* et la
Somme de saint Thomas. En 1462, Mayence,
livrée aux horreurs de la guerre civile, vit les
ouvriers de Gutenberg et de Faust se dis-

perser et propager leur art en Allemagne, en Angleterre et en Italie. Faust lui-même vint à Paris, colportant sa Bible, qu'il vendit en si grand nombre, qu'on l'accusa de sorcellerie. Les ornements du livre en encre rouge passaient pour avoir été tracés avec son sang; il fut arrêté et mis en prison; mais Louis XI, qui, tout despote qu'il était, eut au moins le mérite de ne pas persécuter l'imprimerie naissante, lui rendit la liberté à condition qu'il dirait son secret. Quant à Gutenberg, il ne quitta point Mayence; mais il renonça à sa presse et la céda à son associé Humery. Ce fut en 1468 qu'il termina sa pénible et mémorable carrière, consolé de l'ingratitude des hommes par l'immensité du bienfait qu'il leur léguait. Il fut enterré à Mayence dans l'église des Récollets, et le patricien Gethus composa en latin son épitaphe, dont voici la traduction :

D. O. M.

JEAN GENSFLEISCH, INVENTEUR DE L'ART DE L'IMPRIMERIE,
QUI A LE MIEUX MÉRITÉ DE TOUTE NATION
ET DE TOUTE LANGUE.
ADAM GETHUS FIT CETTE INSCRIPTION
EN MÉMOIRE IMMORTELLE DE SON NOM.

L'année 1840 a vu célébrer le quatrième anniversaire séculaire de l'invention de Gu-

tenberg. Il appartenait à la ville de Strasbourg, où il est presque impossible de rencontrer quelqu'un qui ne sache pas lire, de
fêter dignement la mémoire de l'hôte des
mains duquel elle vit sortir le premier livre
imprimé. Ce qui s'est passé dans ses murs au
mois de juin 1840 a fait revivre, dans la mémoire de ceux qui en ont été témoins, l'image
de ces fêtes antiques où les populations pri-
mitives se réjouissaient en l'honneur de leurs
dieux. Une statue, grande et imposante figure
due au ciseau de notre sculpteur David, a été
inaugurée au bruit des cloches et du canon,
aux applaudissements des représentants de
toutes les sciences, de tous les arts, de toutes
les langues, accourus de tous les coins de l'Europe intelligente, et même du nouveau monde;
et, pendant trois jours, plus de cent mille personnes, ouvriers, paysans, bourgeois, autorités religieuses, civiles et militaires, tous
confondus, tous unis, ont rivalisé d'ardeur
pour la consécration du plus grand fait intel-
lectuel qui ait honoré l'humanité. En lisant le
récit des merveilles dont Strasbourg a donné
le spectacle dans cette circonstance solennelle,
on ne peut s'empêcher de féliciter cette ville
d'avoir si bien compris le devoir qu'elle accom-
plissait.

Nous avons dit que la découverte de Gutenberg, malgré les entraves qu'elle rencontra sur
sa route, s'était promptement répandue dans
toute l'Europe. Nulle autre industrie ne présente une série de noms illustres pareille à celle
dont la typographie peut s'enorgueillir. Un des
premiers qui s'offrent à notre admiration est le
Vénitien ALDE MANUCE, le chef célèbre de cette
famille d'imprimeurs qui acquit une si grande
renommée lorsque l'art n'était encore qu'à son
berceau. Le zèle infatigable qu'il mit à déchif-
frer les vieux manuscrits, le soin minutieux
avec lequel il collationna les différents textes,
doivent le faire considérer comme un des
hommes de son siècle qui contribuèrent le plus
aux progrès de son art et à la propagation des
grands modèles littéraires. Ce fut lui qui le premier substitua le format in-8° au lourd in-folio.
Ce savant imprimeur, adonné tout entier à ses
études intéressantes et profondes, avait placé
sur la porte de son cabinet un avis qui enga-
geait les visiteurs à ne lui parler que de choses
essentielles, et à le faire le plus brièvement possible.

Après Alde Manuce voici, venir un nom qui
n'est pas moins illustre, celui d'ELZEVIR ou
ELZEVIER, que plusieurs imprimeurs de Leyde
et d'Amsterdam ont immortalisé. C'est à eux

qu'on doit ces belles éditions d'auteurs classiques dont l'élégance des caractères et la correction des textes ont fait de véritables chefs-d'œuvre.

Mais Venise et la Hollande n'ont pas seules le droit de se glorifier. La France aussi a eu ses imprimeurs célèbres Nous ne pouvons oublier de mentionner ici la famille des ESTIENNE, si digne de l'estime et de l'admiration des érudits. Henri, mort à Lyon en 1520, est surtout connu par un Psautier à cinq colonnes, publié en 1509. Robert ennoblit son art par une connaissance parfaite des langues et des belles-lettres. Il est le premier qui ait imprimé des bibles divisées par versets. Un de nos plus grands historiens, le célèbre de Thou, a dit de Robert Estienne que « la France lui doit plus pour avoir perfectionné l'imprimerie, qu'aux plus grands capitaines pour avoir reculé ses frontières ». De quel amour ne devait-il pas être animé pour son art, cet homme qui, pour être plus sûr de la correction de ses éditions, faisait afficher ses épreuves à sa porte, promettant une récompense pour chaque faute qu'on lui signalerait ! C'est de cette manière qu'il parvint à publier son *Thesaurus linguæ latinæ*, dont les savants font si grand cas, et son Nouveau Testament en grec, dans lequel on ne

rencontre qu'une seule faute d'impression, encore n'est-ce qu'une transposition de lettres.
Robert Estienne, ayant embrassé les erreurs
religieuses de Calvin, fut obligé de quitter la
France, et se retira à Genève, où il mourut
en 1559. Voici comment M. Firmin Didot, qui
fut lui-même une des gloires de l'imprimerie
moderne, s'exprime dans un de ses ouvrages à
l'égard de la famille des Estienne : « O véritable typographes, auprès desquels nous ne
sommes rien ! ne leur envions pas la gloire
d'être les premiers de tous les pays et de tous
les âges, et que tout typographe, s'il a un noble
sentiment de son art, se prosterne avec respect
devant leur tombe ! »

PLANTIN, Christophe, né en 1514, au village
de Saint-Avertin près de Tours (Indre-et-Loire),
quitta de bonne heure son pays natal et apprit
à Rouen les premiers éléments de l'art typographique. Il visita ensuite les principales imprimeries de l'Europe, où il travailla en qualité de
correcteur ou même de compositeur. Il vint
ensuite à Paris dans le dessein de s'y établir ;
mais ce qu'on aura peine à croire, c'est qu'il ne

put y vivre du fruit de son travail et de ses talents. Il les porta donc dans la ville d'Anvers, où bientôt ils le mirent en état d'établir une imprimerie, qui ne tarda pas à devenir la plus splendide et la plus célèbre de l'Europe. Les bâtiments ressemblaient plutôt à un palais qu'à un atelier typographique. On y comptait plus de quarante presses de différentes dimensions, et la dépense des ouvriers qu'il employait se montait à plus de cent écus par jour, somme considérable eu égard à la valeur monétaire de ce temps.

Il n'épargnait rien pour s'attacher les savants auxquels il confiait la correction de ses épreuves, et, à l'exemple de Robert Estienne, il ne laissait sortir aucun livre de chez lui sans en avoir exposé publiquement les épreuves, après qu'elles avaient été soigneusement revues par lui et ses correcteurs.

Il n'est point de typographe de son temps qui ait imprimé autant que Plantin. Toutes ses éditions en hébreu, en syriaque, en grec, en latin, etc., se font remarquer par la correction et par la netteté plus que par l'élégance typographique. Parmi les ouvrages les plus remarquables qui sont sortis de ses presses, on cite la fameuse Bible connue sous le nom de Polyglotte d'Anvers, qui fut entreprise sur la

demande du roi d'Espagne Philippe II; mais
cette entreprise, dont Plantin devait attendre
autant de profit que de gloire, ne fit, au contraire, que déranger considérablement sa fortune. Un assez grand nombre d'exemplaires
qui avaient été embarqués pour l'Espagne pé-
rirent dans la traversée, et, par suite de ma-
nœuvres suscitées par l'envie, non seulement
on refusa d'en payer le prix à Plantin, mais
encore on exigea sévèrement le remboursement
des avances qu'on lui avait faites. Il se vit ainsi
frustré de la plus grande partie de ses débour-
sés, et fut contraint de vendre la belle et nombreuse bibliothèque qu'il avait rassemblée à
grands frais, et qui contenait des exemplaires
choisis de tous les ouvrages qu'il avait imprimés.

Plantin, par ses talents, son désintéressement
et ses nombreux travaux, s'était concilié l'amitié
des hommes les plus instruits de son temps.
En 1570, il avait été nommé imprimeur du roi
d'Espagne, et l'année suivante il fut autorisé à
prendre le titre d'archi-imprimeur de Sa Majesté. La marque distinctive de ce célèbre typographe est une main tenant un compas ouvert
avec ces mots : *Labore et constantia.*

Outre les épîtres et les préfaces dont il a enrichi plusieurs de ses éditions, il avait composé

un *Traité des plantes* en sept langues, divisé
en deux parties, avec des tables pour l'usage
des différentes nations. Cet ouvrage ne fut imprimé qu'après sa mort, par les soins de sa famille.

Plantin mourut à Anvers le 3 juillet 1589,
laissant en activité trois grandes imprimeries,
l'une à Anvers, l'autre à Leyde, et la troisième
à Paris. Comme il avait eu trois filles, chacun
de ses gendres eut un de ces établissements.
Celui d'Anvers échut à Jean Moretus, dont la
famille a continué jusqu'au commencement de
ce siècle à exercer le même art avec une grande
distinction.

Après les artistes que nous venons de nommer, l'art typographique fut encore perfectionné en France par les essais et les travaux des
Anisson et des Didot. On sait que Louis XVI
honorait d'une bienveillance particulière les
hommes qui se livraient à cette noble profession, et qu'il leur accordait souvent d'honorables récompenses. Plusieurs éditions remarquables sortirent de son imprimerie du Louvre.
Il aimait à exécuter lui-même les opérations

les plus difficiles de son art favori. C'est ainsi qu'il composa et tira en 1766, pour la cour seulement, sous le titre de *Maximes tirées de Télémaque,* un petit volume, véritable chef-d'œuvre, conservé par M. de la Vauguyon, et que possédait le savant et spirituel Charles Nodier.

L'Italie se glorifie avec raison de Jean-Baptiste Bodoni, né à Saluces en 1740, et que la beauté et la pureté de ses éditions de classiques grecs et latins ont rendu à jamais célèbre. Dès son enfance, il montra du goût pour le dessin, et dans ses loisirs il gravait sur bois de petites vignettes, qui sont encore aujourd'hui recherchées des amateurs. A dix-huit ans, le désir de se perfectionner dans sa profession lui fit entreprendre le voyage de Rome. Il partit de sa ville natale, et se trouva avoir épuisé ses ressources avant d'avoir atteint le terme de son voyage. Ce ne fut qu'en vendant aux imprimeurs quelques-uns de ses bois gravés, qu'il se procura l'argent nécessaire pour continuer sa route; mais, à son arrivée dans la ville pontificale, ses rêves de gloire et de fortune s'évanouirent ; il alla demander de l'ouvrage d'imprimerie en imprimerie, et partout on lui répondit par un refus. Découragé par cette réception inattendue, il se disposa à prendre le chemin de Saluces ; toutefois, avant de quitter Rome, il voulut voir l'imprimerie de la Propagande, qu'il avait tant de fois entendu vanter.

La politesse de ses manières, l'extrême vivacité de son esprit plurent à l'abbé Ruggieri, directeur de l'établissement, qui l'y admit comme ouvrier. Bodoni montra dans les différents travaux qui lui furent confiés tant de goût et d'habileté, que le cardinal Spinelli se déclara son protecteur. D'après les conseils de ce prélat, il se livra à l'étude des langues orientales ; et dès qu'il fut en état de lire facilement l'arabe et l'hébreu, il obtint une place de compositeur pour ces deux langues.

Bodoni ne travailla que peu de temps comme ouvrier. Son extrême assiduité et son aptitude le firent promptement élever à la *proterie,* fonctions dans lesquelles il révéla le plus grand talent comme imprimeur et comme fondeur. Au bout de quelques années, tourmenté du désir de voyager, il quitta Rome, et vint à Parme (1768), où, sous le patronage du marquis de Selino, premier ministre du grand-duc, il fonda l'imprimerie qui depuis a porté son nom. C'est de là que sortaient tant de livres admirables, où la beauté et la pureté des types, le goût qui se révèle dans la distribution des pages et des matières, l'excellence du papier et surtout la correction des textes le disputent à ce que l'imprimerie de tous les temps et de tous les pays a produit de plus parfait.

Nous ne citerons pour preuve de ce que nous avançons ici que les témoignages flatteurs que Bodoni reçut de son vivant de presque tous les souverains de l'Europe. Un voyage qu'il entreprit en 1788, accompagné du savant abbé Fortus, devint pour lui une longue suite de triomphes. A Rome il eut une audience du pape Pie VI, qui l'entretint longuement des divers objets relatifs à son art, et qui plus tard lui envoya, avec un bref conçu dans les termes les plus honorables, deux médailles, l'une d'or, l'autre d'argent, en remerciement de son *Horace*, dont Bodoni lui avait adressé un exemplaire. A Naples, la reine ayant appris son arrivée au moment où elle allait sortir de son palais, lui envoya un gentilhomme pour l'inviter à se rendre en son cabinet. Bodoni s'étant excusé sur le mauvais état de sa toilette, elle lui fit dire de se présenter comme il se trouvait; car c'était lui, lui seul, qu'elle voulait voir. Dès 1782, le roi d'Espagne Charles III lui avait conféré le titre de son imprimeur particulier, avec une pension de 6,000 réaux ; par reconnaissance, Bodoni offrit à ce prince la dédicace de sa belle édition de la *Gerusalemme liberata*. MONSIEUR (depuis Louis XVIII), parcourant en proscrit les divers États de l'Italie, visita les ateliers de l'imprimeur parmesan. Étonné de leur étendue et de l'ordre qu'il y vit régner, il ne put s'empêcher de dire que c'était la première imprimerie du monde. L'entrée des armées françaises en Italie fut pour Bodoni l'occasion de nouveaux triomphes. Officiers et soldats s'empressèrent d'aller visiter l'établissement modèle, et ambitionnèrent la possession de quelque ouvrage sorti de ses presses. Ceux qui ne pouvaient acheter un volume se procuraient des billets ou des têtes de lettres qu'ils conservaient avec respect. Cet hommage rendu spontanément à un grand artiste fait le plus grand honneur au caractère et à l'intelligence de notre nation.

Les magnifiques éditions de Bodoni, en répandant son nom dans toute l'Europe, inspirèrent à tous ses confrères le désir de pourvoir leurs ateliers de ces beaux types qui avaient servi à enfanter tant de chefs-d'œuvre. C'était à peine s'il pouvait suffire aux nombreuses commandes qui lui arrivaient de toutes parts. Avec les immenses bénéfices qu'il réalisa de

cette manière, il put acheter une riche propriété dans une situation délicieuse, près de
Borgo-San-Donnino. Parvenu au faîte de la
fortune et des honneurs, il voulut revoir sa
ville natale. Son entrée dans Saluces fut celle
d'un prince dans sa capitale après une longue
absence. Toute la population se porta à sa rencontre, une députation du corps municipal fut
envoyée pour le complimenter ; et deux jours
après, s'étant rendu à l'hôtel de ville, aux
acclamations de ses concitoyens, fiers de sa
renommée, Bodoni, fortement ému, s'écria :
« Il n'est donc pas toujours vrai que nul n'est
prophète dans son pays ! »

Lorsque l'Italie eut passé sous la domination
française, le célèbre typographe reçut de Napoléon, du prince Eugène et de Murat d'éclatants témoignages d'estime et de bienveillance.
Son *Iliade*, présentée à l'empereur dans la ga-
lerie de Saint-Cloud, lui valut le brevet d'une
pension de 3,000 francs et la décoration de
l'ordre de la Réunion. Le prince Eugène et Murat lui firent proposer, le premier la direction
de l'imprimerie de Milan, le second celle de
l'imprimerie de Naples ; mais il refusa constamment de quitter Parme, devenue depuis longtemps sa seconde patrie. Il s'occupait de son
Manuele typografico, qu'il n'eut pas la gloire

d'achever, et de l'impression de classiques français pour l'éducation du prince royal de Naples, lorsqu'une maladie cruelle vint interrompre ses travaux. La fièvre s'étant jointe à des douleurs de goutte qu'il ressentait depuis de longues années, il expira le 20 novembre 1813. Ses obsèques furent célébrées avec une pompe extraordinaire. Vincent Jacobacci, son intime ami, prononça son oraison funèbre.

Peu d'hommes ont joui de leur renommée plus complètement que Bodoni. Ses qualités personnelles lui valurent de nombreux amis. Toutes les sociétés savantes d'Italie s'empressèrent à l'envi d'inscrire son nom sur leurs registres, et les plus grands poètes firent des vers à sa louange.

De notre temps, l'invention des presses mécaniques est venue donner un nouvel essor à l'imprimerie, sinon en perfectionnant cet art, du moins en popularisant ses produits par suite de l'abaissement de leurs prix. L'Allemand Kœnig est le premier qui ait conçu la pensée de ces machines intelligentes qui semblent être venues à propos pour satisfaire l'immense besoin de lecture et de publicité qui travaille notre époque. Kœnig, après avoir porté, sans profit pour lui, son industrie en Angleterre, revint dans sa patrie, où sa découverte fut mieux appréciée qu'à son origine. Bientôt son merveilleux instrument fut imité et modifié dans tous les pays, et l'on est parvenu à une promptitude d'exécution véritablement effrayante : ainsi certaines presses mécaniques n'impriment pas moins de quatre mille feuilles à l'heure. Il faut ajouter, pour être vrai, qu'une telle rapidité n'est obtenue le plus souvent qu'aux dépens de la qualité du travail. C'est ainsi que les imprimeurs d'aujourd'hui sont souvent entraînés par la concurrence à chercher plutôt les moyens de faire vite et à bon marché qu'à s'efforcer d'introduire de nouveaux perfectionnements dans leur art. Cependant la typographie moderne peut s'enorgueillir de quelques travaux du premier ordre exécutés par les nouveaux procédés, et qui resteront pour attester que les bonnes traditions ne sont pas oubliées dans notre siècle, et que la loi du progrès y est fidèlement observée.

§ IV

LITHOGRAPHIE

Aloys Senefelder.

La lithographie, dont les résultats sont aujourd'hui si populaires, est l'art de tracer sur la pierre toutes sortes de dessins ou d'écritures, pour en obtenir ensuite des épreuves par centaines sur le papier. Cette heureuse découverte, une des plus remarquables des temps modernes, repose entièrement sur deux principes chimiques : d'abord sur la propriété que possède la pierre calcaire granulée et compacte de s'imbiber de graisse et d'eau, puis sur l'antipathie que la graisse et l'eau ont l'une pour l'autre. Rien de plus simple et de moins coûteux à la fois que le procédé lithographique. Quand on a tracé un dessin sur la pierre avec le crayon gras, il suffit, pour en obtenir des épreuves, de laver chaque fois la pierre avec de l'eau, qui s'infiltre partout où le crayon n'a pas touché, et de passer sur la pierre un rouleau chargé

d'une encre spéciale. Cette encre, essentiellement grasse, s'applique et s'étend sur le dessin
tracé par le crayon gras, tandis qu'elle est
repoussée de toutes les parties que l'eau a pé-
nétrées. Nous allons voir comment cette idée
ingénieuse jaillit du cerveau d'un pauvre com-
parse du théâtre de Munich.

ALOYS SENEFELDER, né à Prague en 1771,
était fils d'un comédien qui l'amena très jeune
à Munich. Il étudiait, contre sa vocation, le
droit à l'université de Gœttingue, lorsque la
mort vint frapper son père, et ne lui laisser
d'autre ressource que la carrière du théâtre. Ses
débuts furent si froidement accueillis du public, que le malheureux jeune homme se vit
forcé de prendre rang parmi les comparses. Ce
mince emploi ne suffisant pas à ses dépenses,
Aloys essaya de se faire auteur : il composa
deux comédies en vers ; mais il ne fut pas plus
heureux comme auteur qu'il ne l'avait été
comme acteur : ses pièces furent sifflées, et,
n'ayant pas trouvé de libraires qui voulussent
s'en rendre éditeurs, il les fit imprimer à ses
frais. Ce fut à cette circonstance qu'il dut ses
premières observations sur les procédés litho-
graphiques. Il était pauvre et isolé ; le besoin
et l'industrie ne tardèrent pas à faire chez lui
cause commune ; pour épargner sa bourse, il

résolut de se faire lui-même son imprimeur. Il essaya d'abord de la gravure à l'eau-forte sur des planches de cuivre; mais n'ayant pu parvenir à donner à ces planches, d'ailleurs trop coûteuses, le poli convenable, il imagina de leur substituer les pierres calcaires qu'on trouve en Allemagne dans les carrières de Solenhofen, et que la finesse de leur grain rendait plus faciles à travailler et plus susceptibles en même temps de recevoir le trait.

Des essais réitérés, souvent sans résultats, parfois couronnés de succès, mais toujours poursuivis avec ardeur dans le cercle étroit de ses ressources, témoignaient de la persévérance du pauvre artiste, lorsqu'un heureux hasard vint le favoriser au milieu de ses expériences continuelles. Un jour qu'il achevait de préparer une pierre, sa mère vint le prier d'écrire le mémoire du linge qu'elle allait donner à blanchir. Ne trouvant point de papier sous sa main, il se décida à écrire sur la pierre polie, en se servant d'une encre chimique qu'il avait composée avec de la cire, du savon et du noir de fumée. Curieux de savoir ce que deviendraient les caractères qu'il venait de tracer, il se mit à laver là pierre avec un mélange d'eau-forte et d'eau. Le résultat confirma ses prévisions : l'acide rongea toutes les parties que l'encre

grasse n'avait pas touchées, et les lettres restèrent en relief. En les encrant ensuite avec
un tampon de son invention, il obtint une
épreuve parfaite du mémoire de la blanchis-
seuse. La lithographie était découverte.

Les premières difficultés de l'invention
étaient vaincues ; mais il restait à trouver des
moyens mécaniques pour faciliter le tirage sur
pierre : il fallait inventer un rouleau et une
presse. Aux prises avec la misère, Senefelder
dut ajourner la réalisation de ses espérances à
des temps meilleurs. Tel était l'état de dénuement dans lequel il se trouvait alors, que, ne
sachant plus quoi faire pour vivre, il chercha
à se vendre comme remplaçant militaire ; mais
sa qualité d'étranger le priva même de cette
triste ressource du désespoir, et l'homme de
génie qui devait être une des gloires de l'Allemagne ne put parvenir à se faire recevoir
comme simple soldat par les autorités militaires
de la Bavière.

Plus pauvre que jamais, Senefelder se mit à
copier de la musique. Bientôt il imagina d'appliquer son procédé à l'impression des partitions qu'on lui confiait. Mais, sans aide, il ne
pouvait rien faire. Il s'adressa à Gleidner, directeur de la musique de la cour, qui adopta
son plan avec empressement. Une imprimerie

musicale fut fondée, et les premiers résultats
de cette association furent quelques faibles
bénéfices qui permirent au malheureux Aloys
de sortir de l'état précaire dans lequel il languissait depuis si longtemps. Dans le commencement, les deux associés, faute d'une presse
convenable, ne purent imprimer que des partitions de peu d'étendue ; mais un marchand
de musique, Falter, vint à leur secours : il se
chargea des frais de cette presse, qui fut construite sur un dessin de Senefelder, devenu mécanicien par nécessité. Dès lors l'entreprise
marcha à souhait, et l'impression de la par-
tition d'un opéra de Mozart, *la Flûte enchan-
tée,* trouvée magnifique par les connaisseurs,
lui acquit une sorte de célébrité.

L'esprit d'Aloys ne restait jamais en repos ;
il marchait de découverte en découverte. A
peine la presse lithographique était-elle inventée, qu'il imagina de dessiner sur pierre
des images et des ornements pour les livres de
piété destinés au peuple. Sans avoir plus de
notions en dessin qu'il n'en avait en mécanique, il réussit complètement, et ses premiers
essais montrèrent que son invention pouvait
servir à reproduire toutes les nuances fortes ou
moelleuses, tous les traits larges ou déliés dont
se composent les dessins les plus achevés. Peu

de temps après, Senefelder découvrit aussi le procédé du transport sur pierre des vieux livres et des vieilles gravures : opération que l'on pratique aujourd'hui avec succès, mais qu'il n'est pas permis de donner comme nouvelle sans faire injure à la mémoire du père de la lithographie.

Tous ces perfectionnements permirent à Senefelder et à son associé de donner plus d'extension à leur établissement, et leur ouvrirent la carrière des succès et de la fortune. De toutes les parties de l'Allemagne on leur envoyait des partitions de musique à lithographier. En 1799, le bon roi Maximilien-Joseph, dont la mémoire est restée si chère à son pays, se déclara le protecteur de Senefelder et de son invention. Il lui accorda un privilège exclusif pour l'exploitation de son procédé pendant quinze ans. En même temps un riche éditeur de musique, André d'Offenbach, voulant se faire initier à cette grande découverte par l'inventeur lui-même, lui paya généreusement son secret. C'est au zèle et aux ressources de cet entreprenant éditeur que la lithographie est redevable de ses premiers progrès.

Senefelder se rendit ensuite à Vienne, où il avait été appelé pour fonder une imprimerie sous la garantie d'un nouveau privilège concédé par l'empereur d'Autriche. De retour à Munich, il y dirigea, avec le baron d'Aretin, protecteur éclairé des beaux-arts, un établissement d'où sortirent, pendant les trois ans que dura cette illustre association, ces belles collections de dessins, d'après Albert Dürer et Raphaël, qui font époque dans l'histoire de la lithographie. En 1809, Aloys reçut une nouvelle preuve de la munificence du roi de Bavière : il fut nommé directeur d'un atelier de lithographie que le monarque avait fait établir pour l'impression des actes officiels de toute l'administration intérieure du royaume. Ce fut dans les loisirs que lui laissèrent ces fonctions qu'il composa son important ouvrage intitulé : *l'Art de la lithographie*, ou description des différents procédés à suivre pour dessiner, graver et imprimer sur pierre.

Senefelder, dont la jeunesse avait été si malheureuse, termina sa carrière dans une position brillante. Il mourut à Munich en 1834. Le succès de son invention ne s'était pas renfermé dans le cercle de l'Allemagne, et son nom était déjà populaire dans toute l'Europe. Aujourd'hui la lithographie a pris un développement immense en France, en Italie, en Angleterre et jusqu'en Russie. Espérons que pour l'auteur d'une aussi grande découverte la postérité commencera plus tôt que pour Gutenberg, et qu'on n'attendra pas quatre siècles pour rendre à sa mémoire les honneurs qui lui sont dus.

La chromolithographie est une dérivation de la lithographie ordinaire. C'est un procédé par lequel on imprime au moyen de la lithographie des dessins de plusieurs couleurs, de manière à reproduire, par exemple, des vitraux coloriés. On emploie à cet effet autant de pierres qu'il entre de couleurs dans le dessin ; chaque pierre est enduite au rouleau d'une couleur particulière, et l'on fait passer successivement l'estampe sur chacune de ces pierres. La principale difficulté est dans le *repérage*, c'est-à-dire dans la coïncidence parfaite des parties du papier qui doivent recevoir une couleur déterminée, avec les parties correspondantes de la pierre. Senefelder avait lui-même tenté cette application de la lithographie, mais elle n'a obtenu un plein succès qu'entre les mains de MM. Engelmann, en 1837.

§ V

PHOTOGRAPHIE

Les Niepce. — Daguerre.

La photographie ou héliographie est un art
tout récent qui consiste à fixer, par la seule
action de la lumière, soit sur une plaque métallique, soit sur le papier, sur le verre, etc.,
l'image des objets obtenue dans la chambre
obscure. Tout le monde sait que la chambre
obscure est une boîte close de toutes parts, dans
laquelle la lumière s'introduit par un petit orifice. Les rayons lumineux du dehors s'entre-
croisent à l'entrée, et produisent sur un écran
disposé à l'intérieur de la boîte une image en
raccourci et renversée des objets. C'est cette
image, essentiellement fugitive par elle-même,
que l'on fixe au moyen des procédés de la photographie.

La première tentative de ce genre fut faite
en 1824 par Joseph-Nicéphore Niepce. Niepce
recevait l'image de la chambre obscure sur une

lame enduite de bitume de Judée ; ce bitume, exposé pendant un certain temps à l'action des rayons lumineux, se modifie de telle manière, que les parties éclairées deviennent insolubles dans l'essence de lavande, tandis que les parties non touchées par la lumière conservent la propriété de se dissoudre dans cette essence. Il obtenait ainsi un dessin dans lequel les clairs, produits par l'enduit blanchâtre de bitume, correspondaient aux clairs, les ombres aux parties polies et dénudées de la lame, et les demi-teintes aux portions du vernis sur lesquelles le dissolvant avait partiellement agi. Tel a été le point de départ, assurément fort modeste, des œuvres admirables que la photographie produit aujourd'hui.

DAGUERRE s'associa à Niepce en 1829 pour le perfectionnement de ce procédé, et rechercha des substances plus impressionnables à la lumière que ne l'est le bitume de Judée. Il s'arrêta au bronze et à l'iode. Ses plaques de cuivre argenté étaient recouvertes d'une couche très légère d'iodure ou de bronze d'argent, qu'il obtenait en l'exposant dans une boîte à l'évaporation spontanée de quelques parcelles d'iode ou de bronze. Ainsi préparée et placée dans la chambre obscure du daguerréotype, cette plaque est, en quelques secondes, impressionnée par les rayons lumineux qui émanent des objets disposés devant l'objectif, et leur image s'y reproduit. Quand on retire la plaque de la chambre obscure, elle ne présente encore aucun trait; mais si on l'expose ensuite, dans une seconde boîte, à l'action des vapeurs du mercure, on voit ces vapeurs s'attacher en abondance aux parties de la surface qui ont été frappées par une vive lumière, à l'exclusion de celles qui sont restées dans l'ombre, et se précipiter en quantités variables sur les espaces occupés par les demi-teintes. Pour fixer définitivement l'image daguerrienne, on plonge la plaque dans une dissolution d'hyposulfite de soude, et on la lave ensuite avec de l'eau distillée. Ces plaques, d'une vérité d'exécution extraordinaire, pèchent par un miroitage insupportable.

La découverte de Niepce et de Daguerre fut publiée un France en 1839, et elle produisit une impression très vive dans toute l'Europe. Le lendemain du jour où Arago l'annonça à l'Académie des sciences, le nom de Daguerre avait acquis une immense célébrité. Quelques mois plus tard, une récompense nationale était accordée aux deux inventeurs pour la divulgation de leur secret.

Une fois tombée dans le domaine public, la

photographie ne tarda pas à faire des progrès extraordinairement rapides. La découverte de la photographie sur papier a été un des perfectionnements les plus notables apportés aux procédés de Daguerre. Le papier employé doit être imprégné de sels d'argent, qui sont extrêmement impressionnables à la lumière; ce papier reçoit et retient l'image comme la plaque métallique; mais cette image est *négative*, les blancs étant à la place des noirs, et réciproquement. On doit à M. Talbot, savant anglais, l'idée de se servir de cette image comme d'une matrice, ou, pour parler plus exactement, comme d'un *cliché*, pour obtenir, par simple application sur un autre papier sensible, une suite indéfinie d'épreuves avec redressement des teintes. Pour cela, il suffit de rendre transparente l'épreuve négative, ce qui se fait à l'aide d'une glace pesant sur l'épreuve, et enfin d'exposer le tout au soleil : on obtient ainsi jusqu'à deux cents et trois cents épreuves. On doit aussi à M. Talbot l'indication de l'acide gallique pour faire apparaître l'image qui, au sortir de la chambre noire, est encore latente, et celle du bromure de potassium pour la fixer.

Depuis, de nouveaux perfectionnements ont été apportés à cet art charmant. M. NIEPCE DE

SAINT-VICTOR, neveu de l'un des inventeurs de
la photographie, ayant remarqué que, dans le
passage du négatif au positif, l'image perdait
toujours ses finesses de détail, imagina de recevoir la première épreuve sur une plaque de
verre; il se servit d'abord du verre nu, mais
avec peu de succès, puis du verre enduit d'une
couche légère d'albumine. A l'albumine, d'autres photographes ont substitué la gélatine, le
collodion, et c'est par ces derniers procédés que
s'obtiennent aujourd'hui tous les portraits.

Du simple dessin, la photographie est passée
à la gravure et à l'impression, et l'on prépare
aujourd'hui des planches photographiques que
l'on peut soumettre aux procédés de l'imprimerie ordinaire pour en obtenir un nombre in-
défini d'épreuves indestructibles.

§ VI

CHARPENTERIE-MENUISERIE

Rennequin-Sualem. — Roubo.

Les charpentiers-menuisiers de nos jours
font en général tous les gros ouvrages en bois,
tels que toits, planchers, ponts, échafaudages,
moulins, etc. Un charpentier, pour être habile,
doit connaître la géométrie élémentaire et descriptive; il faut aussi qu'il soit instruit des
principes de la mécanique, soit pour évaluer
approximativement la force des bois, les charges
qu'ils auront à supporter, soit encore parce
qu'il peut se trouver dans la nécessité de composer un engrenage, et qu'il doit savoir d'a-
vance quels seront les effets produits par la
force appliquée. Il ne faudrait donc pas moins
que les connaissances d'un géomètre pour con-

stituer un bon charpentier. Aussi les hommes dévoués aux progrès des arts et métiers se sont-ils, dans tous les temps, occupés de cette importante profession mécanique. Le grand Philibert Delorme, architecte des Tuileries, présenta au roi Henri II un système de charpente très ingénieux, et de nos jours l'illustre Monge ne dédaigna pas de donner la théorie de l'art du charpentier-menuisier dans son *Traité de la géométrie descriptive*. Il avait même coutume de dire que si le Ciel l'eût destiné à exercer quelque profession manuelle, il eût donné la préférence à celle du charpentier. Pierre le Grand fit plus : cet infatigable civilisateur du Nord, qui parcourut l'Europe pour acquérir dans les arts mécaniques des connaissances qu'il se proposait de rapporter dans son pays, voulut habituer sa main à manier la hache du charpentier. On le vit pendant son séjour en Hollande, les reins serrés de la large ceinture de l'esclave, passer chaque jour quelques heures dans le chantier de construction de Saardam à équarrir et à façonner d'énormes pièces de bois.

Les annales de l'industrie nous ont conservé le souvenir d'un homme qui s'est immortalisé dans sa profession. Nous voulons parler de l'inventeur de la machine de Marly, la plus belle merveille du règne de Louis XIV, que tout le monde connaît, mais qu'on n'admire pas assez. L'auteur de ce prodige, Rennequin-Sualem, dont le véritable nom est Swalm Renkin, était né à Liège en 1644, d'un pauvre charpentier qui n'avait que son état pour vivre. Quoiqu'il sût à peine lire et écrire, il avait dès sa jeunesse montré une si grande intelligence, qu'on l'avait constamment employé aux charpentes des machines usitées pour les épuisements des eaux souterraines. Louis XIV ayant fait bâtir le château de Versailles et voulant pourvoir d'eau cette royale demeure, Colbert, après d'amples renseignements, s'adressa au chevalier Delville, propriétaire liégeois, dans le château duquel Rennequin avait construit une machine à élever l'eau du genre de celle qu'il devait bientôt construire. Dès que le chevalier lui eut fait part des propositions du ministre français, le modeste artisan se mit à l'œuvre; et lorsque son plan fut achevé, il le soumit au chevalier, qui s'empressa de l'emmener à Paris et de faire adopter son travail par Colbert. Un premier essai eut lieu au château de Saint-Germain en présence du roi; il réussit complètement, et Rennequin commença aussitôt son chef-d'œuvre de mécanique. La situation élevée de Versailles présentait d'innombrables difficultés pour l'accomplissement de ce vaste projet. L'esprit supérieur de Rennequin triompha de tous les obstacles, et prouva jusqu'à quel point le génie de l'homme peut atteindre.

Nous n'entreprendrons pas de décrire ici cette célèbre machine destinée à élever les eaux de la Seine sur la montagne de Marly, pour être versées sur la pente opposée de cette montagne et conduites à Versailles. Il nous suffira de dire que, commencée en 1676, elle fut mise en activité en 1682. Elle coûta sept millions, et son entretien s'élevait à soixante-onze mille francs. Les artisans habiles, mais pauvres, ont été trop souvent exploités par les intrigants privilégiés de la fortune. Le chevalier Delville parvint à accréditer le bruit que l'idée de la machine lui appartenait, et que l'artisan liégeois n'avait été que l'instrument passif de cette invention. Le pauvre Sualem se retira à Bougival, joli village sur le bord de la Seine, où il avait une maison, et y termina sa vie sans que justice ait été rendue à sa prodigieuse habileté. Il fut enterré dans l'église de cette commune avec sa femme, et on lit encore sur leur tombeau l'épitaphe suivante :

CI-GISENT
HONORABLES PERSONNES RENNEQUIN-SUALEM,
SEUL INVENTEUR DE LA MACHINE DE MARLY,
DÉCÉDÉ LE 20 JUILLET 1708,
AGÉ DE 64 ANS ;
ET DAME NOUELLE, SON ÉPOUSE,
DÉCÉDÉE LE 4 MAI 1714,
AGÉE DE 84 ANS.

Aujourd'hui la machine de Rennequin n'est plus en activité. L'énorme dépense qu'exigeait son entretien l'a fait remplacer par une pompe à feu qui permet de faire monter à moins de frais les eaux jusqu'à Versailles. Cette admirable invention a été décrite avec le plus grand soin dans un mémoire publié en 1801 avec des planches, et on peut en voir un petit modèle au Conservatoire des arts et métiers.

Un autre chef-d'œuvre de l'art du charpentier-menuisier est la charpente qui formait autrefois la coupole de la halle aux blés de Paris, et qui fut dévorée par un incendie en 1802. Cette coupole était l'ouvrage du menuisier Roubo. Presque aucun historien n'a mentionné le nom du constructeur de cet admirable tra-

vail, d'autres en font honneur aux architectes
.Legrand et Molinos. Il importe de rétablir la
vérité, et de rendre à chacun ce qui lui appartient. Tout en faisant connaître aux jeunes
ouvriers les particùlarités de la vie de l'habile
menuisier, nous dirons comment il fut amené à
produire l'œuvre qui a rendu son nom à jamais
célèbre. C'est à une notice de M. Boileau, menuisier lui-même, que nous empruntons les détails qu'on va lire.

Andrè-Jacob Roubo naquit à Paris en 1739.
Son père, simple compagnon menuisier, était
un de ces ouvriers grossiers, malheureusement
en trop grand nombre, qui, incapables de se
diriger eux-mêmes, le sont encore plus d'élever
convenablement leurs enfants. Le jeune Roubo
fut donc abandonné à lui-même, et ne dut qu'à
son heureux naturel cet amour pour le bien
qui marqua sa vie entière. Il ne sut pas seulement se préserver du péril vers lequel aurait pu
l'entraîner l'exemple paternel ; il comprit encore
que, pour s'élever au-dessus des ouvriers vul-
gaires, il avait besoin de l'instruction que son
père lui avait refusée. Aussi s'occupa-t-il de
bonne heure de réparer les effets de cette né-
gligence coupable. Mis en apprentissage chez
un menuisier, il employait souvent à acheter
des livres et des modèles de dessin une partie

de la faible somme qui lui était donnée chaque
jour pour sa nourriture. Les plus rudes privations lui semblaient douces pourvu qu'il lui
fût permis d'étudier. Lorsqu'il commença à
travailler comme compagnon, il était encore si
pauvre, que, pendant les longues nuits d'hiver,
pour veiller quelques heures plus tard le soir
ou quelques heures plus tôt le matin, contraint qu'il était de recourir au mode d'éclai-
rage le plus économique, il fut souvent réduit
à se servir des restes de suif ou de graisse
que l'on aurait jetés et qu'il s'empressait de recueillir.

Tant de courage eut enfin sa récompense.
L'ardeur et le zèle du jeune ouvrier furent re-
marqués par le professeur Blondel, neveu du
célèbre architecte de ce nom. Cet artiste distingué, aussi généreux qu'enthousiaste de son art,
appréciant les efforts et la position de Roubo,
l'admit gratuitement à son école d'architecture.
Roubo, qui, par un bonheur inespéré, allait se
trouver soutenu, dirigé et encouragé, redoubla
d'assiduité pour mettre à profit les leçons d'un
si bon maître. Il prenait à peine le temps de
manger, pour se mettre à étudier, et au bout
de peu de temps il était entré dans le riche domaine de la science, c'est-à-dire qu'il excellait
dans la théorie comme dans la pratique de la

menuiserie. Les connaissances variées qu'il acquit pendant les cinq années que Blondel lui
prodigua ses soins, la facilité de style que lui
procurèrent ses lectures continuelles, ne tardèrent pas à lui inspirer la pensée d'écrire sur
l'art qu'il professait. Ayant rencontré un nouveau protecteur dans le duc de Chaulnes, il
présenta en 1769 à l'Académie des sciences la
première partie de son travail, consacrée à l'art
du menuisier en bâtiments. Duhamel du Monceau, un des savants les plus utiles du xviiie siècle, fut chargé de l'examiner, et, sur le rapport
favorable qu'il en fit, l'Académie décida que
l'ouvrage du menuisier théoricien ferait partie
du recueil des descriptions des arts et métiers
dont elle s'occupait alors. A cette première
faveur l'Académie en ajouta une autre : elle
demanda et obtint pour Roubo, par l'entremise
du lieutenant de police de Sartine, des lettres
de maîtrise, distinction dont l'administration
d'alors était très avare. Ce fut donc en prenant
le titre de maître menuisier que Roubo publia
successivement les autres parties de son ouvrage : l'état du Menuisier-Carrossier, celui du
Menuisier en meubles, celui du Menuisier-
Ébéniste, celui du Treillageur ou de la menuiserie des jardins. Chacun de ces ouvrages, où
règnent constamment l'ordre et la clarté la plus

parfaite, est écrit dans un style tout à fait convenable à la matière. Chaque page révèle
l'homme qui a acquis de profondes connaissances par un long exercice.

Ardent et infatigable, Roubo ne se bornait
pas à tracer les principes de son art, il se livrait
encore aux travaux de la menuiserie dans l'atelier qu'il avait fondé dans la rue du Faubourg-
Saint-Jacques, sous la protection du duc de
Chaulnes, lorsqu'une occasion vint s'offrir à
lui de fournir une preuve éclatante de son
talent.

Le commerce des grains et farines se plai-
gnait depuis longtemps d'être resserré dans les
galeries circulaires de la Halle aux blés. Le
vaste espace du centre était alors une cour tout
à fait découverte. Lors des fêtes qui eurent lieu
à l'occasion de la naissance du dauphin fils
de Louis XVI, une toile immense fut tendue
au-dessus de cette cour, et, à la clarté de l'il-
lumination, cette partie de la halle offrit un si
magnifique coup d'œil, que deux jeunes architectes récemment venus de Rome, Molinos et
Legrand, en furent vivement frappés. De ce
moment ils conçurent et suggérèrent à l'autorité l'idée de substituer à la toile une couverture en charpente. Mais il fallait que cette
toiture fût assez légère pour ne pas ébranler

Roubo porté en triomphe par les forts de la Halle.

11*

ré
peu
nuis
diff
qu'
are
à
les
Sur
div
vi
sa
m
lu
les
de

n
si
F
o
de
qu
ch
p
p
L

l'édifice jusque dans ses fondations; et où pourrait-on trouver un charpentier, un menuisier capable d'exécuter un travail aussi difficile? Grand était donc l'embarras, lorsqu'une personne présente à la délibération des architectes déclara qu'il n'y avait qu'un homme à Paris doué d'assez d'habileté pour réaliser leur projet, et que cet homme était Roubo. Sur cette indication, les architectes se rendirent auprès du menuisier. Celui-ci demanda vingt-quatre heures pour réfléchir et donner sa réponse. Le lendemain, il déclara hardiment qu'il se chargerait de la tâche qu'on lui proposait, mais à la condition qu'on le laisserait maître d'opérer comme il l'entendrait.

On souscrivit à tout ce qu'il voulut, et il se mit aussitôt à l'œuvre. Depuis plus de deux siècles, une des grandes illustrations de la France, Philibert Delorme, était complètement oublié. Roubo rendit hommage au mérite de ce grand architecte en adoptant la méthode qu'il avait employée dans la construction du château de la Muette sous Henri II, et qui consistait à substituer aux grosses pièces de charpente des planches de sapin posées de champ, pour former des combles de toute dimension. Le charpentier Albouy, l'ouvrier serrurier

Raguin, qui exécuta la lanterne en fer du couronnement de la coupole, furent les seules personnes que l'intrépide menuisier voulut admettre à concourir avec lui à l'achèvement de son entreprise. La coupole fut terminée le 31 janvier 1783, après cinq mois de travaux dirigés avec une surveillance si attentive, qu'ils ne coûtèrent pas la vie à un seul homme. Lorsqu'on plaça cette immense voûte, qui présentait un diamètre de trente-neuf mètres cinquante centimètres, Roubo, plein de confiance dans les combinaisons si bien calculées de son système, voulut, malgré les instances des nombreux spectateurs qu'effrayait son audace, rester sous la corniche de la plate-forme, pour s'assurer si la charpente abandonnée à elle-même ne ferait pas quelque mouvement. Tout se passa comme il l'avait prévu. Les étais furent enlevés sans qu'il en résultât le plus léger accident. A la vue d'un pareil chef-d'œuvre, les acclamations furent unanimes ; un battement de mains général salua l'auteur ; les forts de la Halle eux-mêmes, s'abandonnant aux transports de leur joie bruyante, accoururent tirer le modeste Roubo de son lieu d'observation, et le reconduisirent triomphalement chez lui en le portant sur leurs épaules.

Roubo, dans cette circonstance, ne démentit

pas son caractère désintéressé : on le vit renoncer aux bénéfices auxquels il avait droit comme entrepreneur, et ne vouloir accepter qu'une somme déterminée pour la conduite des travaux. La récompense qu'il ambitionnait le plus était la gloire, et elle ne lui fit pas défaut. L'exécution de la coupole de la Halle aux blés rendit son nom européen. De toutes parts en France, à l'étranger, on lui demanda des combles à la Philibert Delorme. Mais il était écrit qu'un homme si enthousiaste de son art ne devait jamais rencontrer la fortune. Après avoir exécuté les travaux les plus importants, tels que le berceau qui sert de couverture à la Halle aux draps, l'escalier en acajou massif de l'hôtel Marbeuf, il eut la douleur de voir émigrer ses principaux débiteurs, et fut ruiné par cette même révolution dont il avait embrassé les principes avec chaleur. Nommé capitaine dans la garde nationale parisienne, il voulut, malgré une maladie de langueur qui le dévorait depuis longtemps, assister à la tête de sa compagnie à la grande fédération du Champ-de-Mars (14 juillet 1790). Les fatigues de cette journée empirèrent son mal, et il ne rentra chez lui que pour n'en plus sortir; il mourut peu de temps après, sincèrement regretté de tous ceux qui l'avaient connu. Ses funérailles

furent dignes et imposantes. Un nombreux
cortège d'ouvriers suivit, dans le silence le
plus religieux, sa dépouille mortelle jusqu'à
sa dernière demeure. Ses fils, adoptés par la
France, furent élevés aux frais de l'État, et
sa veuve reçut du gouvernement d'alors une
somme de 3,000 francs, en récompense des
services que son mari avait rendus au pays en
perfectionnant un art utile.

§ VII

SERRURERIE

Michel Brezin.

Un des arts mécaniques qui ont fait le plus de progrès parmi nous, depuis cinquante ans, est sans contredit la serrurerie, cet art si utile, auquel on est obligé de recourir constamment pour les travaux les plus indispensables, et qui joue surtout un si grand rôle dans les constructions; il doit encore une grande importance à la nécessité où l'on est de recourir à lui pour se procurer les outils nécessaires à tous les autres métiers. Toutefois, dans les siècles antérieurs, à l'époque qui a vu fleurir les Dietrich, les Damour, les Gérard, les Benoît Sabatier, les Henri Kock, les Léopold Huret[1], dont les ouvrages attestent le plus

[1] Ces trois derniers sont inventeurs de la serrurerie de sûreté.

rare talent, il s'était rencontré des serruriers qui avaient fait preuve d'une grande habileté. Ainsi nous pourrions citer la ferrure des deux portes latérales de la façade de l'ancienne cathédrale de Paris, attribuée au célèbre Biscornet ; la grille en fer qui ferme la cour du palais de justice, ouvrage d'un mérite incontestable. Mais l'exiguïté de notre cadre nous interdit de nous étendre sur les ouvrages de ce genre, ainsi que sur l'origine et les améliorations de la serrure, cette invention lacédémonienne, dont l'usage est aujourd'hui presque universellement répandu, et qui chez nous a fini par remplacer dans l'habitation même du paysan la *chevillette* et la *bobinette* de la mère grand du *Petit Chaperon rouge*. Nous nous bornerons à dire ici que l'ouvrier qui, sous le nom de *serrurier*, travaille le fer de diverses manières, doit joindre à la pratique manuelle de sa profession quelque connaissance du dessin, afin d'être en état d'exécuter une foule d'ouvrages destinés à servir à la fois à la solidité, à la commodité et à l'ornement des maisons et des appartements. Nous rappellerons que c'est le serrurier qui confectionne ces lits en fer si élégants, si légers, si propres, si recherchés depuis quelque temps ; qu'on lui doit ces grilles, ces balustrades, ces rampes d'escaliers, ces balcons en fer, qui sont en même temps des objets d'utilité et de luxe.

La serrurerie compte beaucoup de noms illustres ; elle peut même citer Louis XVI, ce roi à qui aucune profession manuelle n'était étrangère, et qui ne connaissait pas de distraction plus douce aux soins pénibles du gouvernement que de se renfermer pendant quelques heures dans un atelier établi dans un coin de son palais, où il se plaisait souvent à manier la lime et le marteau. Mais parmi tous ces noms il en est un qui mérite de fixer un instant notre attention : c'est Brezin, qui, de simple ouvrier devenu immensément riche par l'habileté avec laquelle il sut exercer sa profession, fit un noble usage de sa fortune, et qui, comme Louis XIV, eut la gloire de fonder son hôtel des Invalides.

Michel Brezin naquit à Paris en 1758. L'éducation ne fit rien pour lui ; il dut tout aux heureuses dispositions dont la Providence l'avait doué. Il eut pour père un serrurier mécanicien, honnête artisan d'ailleurs, mais qui, ayant fait son chemin dans sa profession sans savoir ni lire ni écrire, prétendait que son fils n'avait pas besoin d'en savoir plus que lui ; aussi se borna-t-il à envoyer l'enfant à une école gratuite de dessin. Ce fut donc par une louable désobéissance que celui-ci acquit de lui-même, tant bien que mal, l'instruction élémentaire qu'on lui avait refusée, et le germe de ces connaissances pratiques qui devaient plus tard se développer avec éclat. Mais, si son père s'était peu soucié de faire de lui un savant, en revanche il l'initia de bonne heure à tous les secrets de son état. A neuf ans, le jeune Michel remplissait sa journée dans l'atelier paternel aussi assidûment qu'un ouvrier, et montrait de plus une aptitude peu commune.

Les hommes nés pour diriger les autres par la puissance et la fermeté de leur caractère développent dès leur bas âge cette faculté dominatrice. Michel avait les passions vives et une de ces volontés plus difficiles à faire plier que les durs métaux qu'il mettait en œuvre. C'était plus qu'il n'en fallait pour provoquer la sévérité naturelle de son père. De là de fréquentes altercations qui décidèrent le jeune mécanicien, impatient du frein qu'on voulait lui imposer, à quitter le toit paternel. Il n'avait pas encore dix-huit ans, qu'ayant la conscience de pouvoir se suffire, il entreprit son tour de France. Après avoir visité plusieurs grandes villes, il vint à Bordeaux, où un frère de sa mère, le menuisier-ébéniste Larivière, ouvrier d'un talent distingué, le reçut avec cordialité. A un jugement sûr, à une intelligence rare, Brezin joignait l'habileté de la main, la promptitude et la justesse du coup d'œil, et une activité qui suffisait au travail le plus opiniâtre. On conçoit qu'avec de telles qualités il ne lui fut pas difficile de se faire connaître d'une manière avantageuse. A la recommandation de son oncle, qui avait su gagner la protection du maréchal de Richelieu, le vainqueur de Mahon, il fut, peu de temps après son arrivée, nommé mécanicien de la Monnaie de Bordeaux; ce qui ne l'empêcha pas de travailler pour les particuliers, et d'exécuter pour le commerce de la métropole de la Guienne des pièces de mécanisme que jusqu'alors on avait été obligé de faire venir de Paris.

Brezin était depuis plusieurs années à Bordeaux lorsque son père, à qui une modeste aisance permettait de se retirer, lui écrivit pour l'engager à venir prendre la suite de ses affaires. Quelque brillante que fût déjà sa position, il n'hésita pas à l'échanger contre celle plus brillante encore qui lui était offerte. De retour à Paris, il succéda à son père dans la place de mécanicien en chef de la Monnaie, à laquelle d'ailleurs le rendait très propre l'emploi qu'il venait de remplir à Bordeaux. Mais il n'exerça pas longtemps ces nouvelles fonctions. Doué de cette nature passionnée qui accompagne géné-

ralement l'ardeur et la fécondité de l'imagination, il ne put s'accommoder des obstacles que
la routine opposa à ses idées de perfectionnement pour les machines servant alors à la confection des espèces d'or et d'argent, et il donna
sa démission.

La révolution vint ouvrir à Brezin une autre
carrière. Dans ce tourbillon où s'agitaient tant
d'ambitions diverses, il imagina de se faire
fondeur de canons. L'occasion d'ailleurs était
propice. Jamais la France n'eut un aussi grand
besoin de ces instruments de destruction qu'à
une époque où toute l'Europe en armes enva-
hissait son territoire. Brezin ne se montra pas
moins habile fondeur qu'il ne s'était montré
mécanicien expérimenté. Deux établissements
créés par son activité acquirent bientôt un tel
développement, que le gouvernement, trouvant
qu'on ne pouvait trop encourager un homme
aussi entreprenant, lui confia la direction de la
fonderie de l'Arsenal. De ce moment les affaires de Brezin se trouvèrent dans une veine
de prospérité qui alla toujours croissant; il ne
fondait pas seulement les canons, il en prati-
quait encore le forage et le ciselage extérieur
par un procédé de son invention. Il s'assura
ainsi à Paris le monopole d'une industrie considérable.

Pendant les longues guerres de l'empire, Brezin continua de travailler pour le compte du gouvernement. Il fallut l'invasion des étrangers en 1814 pour le faire renoncer à ses travaux. Il avait alors cinquante-six ans. Son âge et sa fortune lui permettaient le repos; mais après le retour de Napoléon de l'île d'Elbe, l'Europe menaçante s'étant de nouveau mise en marche contre la France, l'habile fabricant fut chargé de reprendre la direction de l'Arsenal de Paris. Le résultat de la bataille de Waterloo lui fit bientôt abandonner ce poste. Quand les alliés occupèrent Paris pour la seconde fois, il comprit que sa carrière industrielle était terminée, et se retira définitivement des affaires. Jamais homme n'eut en partage plus d'éléments de bonheur: la richesse et la réputation, ces deux grands mobiles de notre faible humanité, lui furent constamment fidèles, sans que le moindre nuage vînt troubler son parfait bien-être. Il mourut le 21 janvier 1828, à l'âge de soixante-dix ans.

Une pensée grande et généreuse préoccupa les derniers jours de Brezin. Veuf et sans enfants, il voulut disposer de la plus grande partie de sa fortune en faveur des ouvriers qui l'avaient aidé à la gagner : grande et noble expiation des torts qu'il pouvait avoir eus envers eux! Par son testament, qui témoigne de la bonté de son cœur, il légua en toute propriété à l'administration des hospices tous ses biens, s'élevant à plus de cinq millions, à la charge par celle-ci de fonder un hospice destiné à recevoir trois cents vieillards de soixante ans d'âge, ayant exercé quelqu'une des professions qui ont un rapport plus ou moins direct avec celle qui a fait la réputation et la fortune du fondateur. Il stipula en outre que cet asile de l'indigence s'appellerait l'*Hospice de la Reconnaissance,* et qu'il serait établi dans sa maison de campagne, située à Garches, au-dessus de Saint-Cloud. L'administration des hospices a rempli religieusement cette volonté dernière, et aujourd'hui trois cents vieillards trouvent dans une campagne délicieuse, naguère le séjour de la richesse et de l'opulence, toutes les douceurs d'une saine et tranquille existence.

§ VIII

ÉBÉNISTERIE - LUTHERIE

André Boule. — Jacob Desmalter. — Sébastien Érard.
— Henri Pape.

L'art de l'ébéniste est très ancien. Il fut
pratiqué d'abord en Asie; il passa en Grèce
lors des conquêtes d'Alexandre et ne tarda pas
à se répandre en Italie. Cet art fut très estimé
à Rome sous les empereurs, et recherché des
plus riches patriciens. Après les désordres cau-
sés par l'invasion des barbares du Nord, il re-
parut avec éclat au xve siècle. Il contribua à
augmenter la splendeur du Vatican par les travaux que d'habiles ouvriers exécutèrent dans
cette demeure pontificale. Pendant que l'ébénisterie florissait en Italie, les autres contrées
de l'Europe n'avaient que des meubles grossiers et communs. Ce fut seulement à partir du
règne de François Ier que cet art fut cultivé avec
succès en France, et dans les premières années
du dernier siècle il prit une grande extension.

A partir de cette époque, les ébénistes français ont surpassé en bon goût, en talent, tous les ouvriers de l'Europe, même ceux de la Grande-Bretagne, les seuls qui puissent leur disputer la prééminence. Nous ne pouvons nous dispenser de payer ici le tribut d'éloges qui est dû aux belles fabrications des Fischer, des Henri Chenavard, des Verner, des Bellangé, des Jacob, dont l'esprit inventif a su faire pénétrer dans nos ameublements tous les genres, depuis le chinois jusqu'à l'impérial ; tous les styles, depuis le grec et la renaissance jusqu'aux styles sans nom que quelques-uns appellent la *manière confortable.*

Mais la véritable gloire de cette profession, l'ébéniste par excellence, celui qui donna la première impulsion à cette branche si importante de notre industrie, est cet André Boule, dont les meubles, quoique comptant plus d'un siècle et demi d'existence, sont encore aujourd'hui si avidement recherchés des amateurs. Faisons connaître cet artisan, qui ne fut pas un des hommes les moins remarquables du grand siècle de Louis XIV.

ANDRÉ-CHARLES BOULE naquit à Paris, en 1642. Dès son bas âge il manifesta des dispositions que n'ont pas d'ordinaire les simples artisans : beaucoup de tristesse, beaucoup d'orgueil, une grande intelligence et une ambition plus grande encore. Fils d'un pauvre ébéniste de la Cité, il n'embrassa la profession de son père qu'avec dégoût. Il ne pouvait supporter l'idée de n'être qu'un simple ouvrier, un misérable manœuvre. Dans la ferveur de sa naïveté et de son enthousiasme, il aspirait à devenir un artiste habile, un peintre distingué, un grand homme peut-être. Aussi quel ne fut pas son désappointement lorsqu'on le plaça dans un magasin de meubles du faubourg Saint-Antoine! il souffrait et pleurait chaque jour en secret; il avait honte de son abaissement et de sa misère, et parfois il brisait avec rage les instruments du métier qu'il détestait. Il se sentait mourir d'ennui et de désespoir dans le modeste atelier où il lui fallait construire à grand'peine, avec la seule habileté de ses bras, des meubles grossiers à l'usage de tout le monde, et chaque dimanche il avait l'habitude d'aller à l'église pour demander à Dieu la grâce de le délivrer de sa triste condition, et de ne point ressembler à ses camarades.

Boule avait le sentiment des grandes choses. Il se plaisait à visiter les palais, les galeries de tableaux, les monuments, les jardins publics, et il revenait toujours de ces visites avec de longues rêveries qui excitaient en lui le délire de la fièvre. Tout ce qui était beau et distingué faisait battre son cœur, en lui inspirant de nobles désirs et de nobles espérances. Seul au milieu des magnificences du Louvre, de Versailles, de Saint-Germain ou de Marly, où il se glissait le dimanche avec sa veste de bure, le jeune artisan croyait rêver tout habillé; et, la nuit, lorsqu'il était rentré dans son galetas pour se reposer, les chefs-d'œuvre de Mansard, de Lebrun, de Perrault et de le Nôtre apparaissaient devant lui pour l'empêcher de dormir.

Un jour, Boule fut emmené par son maître au château de Versailles pour procéder à des réparations dans les petits appartements du roi. En arrivant il se sentit bien petit et bien humilié en comparant sa propre bassesse à toutes les grandeurs qui s'étalaient au milieu d'une cour éblouissante; mais, quelques jours après, sa fierté se releva en saluant et en coudoyant de superbes passants qui se nommaient Racine, Bossuet, la Fontaine, Puget, Lebrun, Lully ou Girardon. Les réparations terminées, ce fut avec la plus profonde tristesse qu'il abandonna le royal séjour où tant de merveilles et de magnificences l'avaient frappé. De ce moment le malheureux ouvrier perdit tout son temps à rêver de ce qu'il avait vu, et à chercher le moyen d'enfanter de pareils chefs-d'œuvre. A l'aide de son imagination et à force de patience, il se fit dessinateur, peintre, sculpteur, mosaïste ; et lorsqu'il posséda ces divers talents il dessina, coloria sur le papier des meubles d'une variété charmante et d'un modèle tout nouveau, des meubles, en un mot, dignes de figurer dans un palais.

Avec une telle fièvre d'exaltation, Boule n'était pas loin de perdre tout à fait la tête, et d'aller finir ses jours au milieu des fous d'un hospice, lorsqu'une fantaisie de Louis XIV vint le sauver de son imminente folie. Le grand roi voulut changer l'ameublement d'un de ses appartements privés, et fit un appel aux peintres, aux décorateurs et aux artistes les plus habiles. Instruit de cette circonstance, Boule trouva le moyen de se faire introduire auprès de Mlle de Fontanges, dont l'empire sur le monarque était alors tout-puissant, et lui montra un modèle d'ameublement qu'il avait dessiné. La grande dame en fut émerveillée, et se chargea de le mettre sous les yeux du roi, en promettant sa protection au modeste ouvrier. Peu de temps après, Boule fut mandé à Versailles, et reçut carte blanche pour l'exécution de son idée. On mit à sa disposition tout l'argent qui lui était nécessaire : il acheta du bois de l'Inde, du bois du Brésil, du cuivre, de l'ivoire, et se mit à

imiter, à l'aide de l'incrustation et de la décou-
pure, une foule de fruits, d'animaux, de fleurs
et de figurines qu'il avait tracés sur le papier.
Il travailla longtemps sans se donner aucun
repos, comme on travaille à vingt ans quand on
a de l'ambition ; puis, lorsqu'à force de soins
minutieux il eut élevé sa profession jusqu'à la
noblesse de l'art, lorsque son ameublement fut
prêt, il le fit porter à Versailles. A la vue de
ce meuble si nouveau et si magnifique, la cour
ne put retenir son admiration et sa surprise ;
elle ne pouvait comprendre que tant de savoir
et de goût eût pu se rencontrer dans un
pauvre jeune homme jusque-là obscur et
ignoré. Louis XIV lui-même fut si charmé
de cette gracieuse création, qu'il en exprima
toute sa satisfaction au timide artisan ; et
quelques jours plus tard il lui accorda un
brevet, une pension et un appartement au
Louvre.

A dater de ce jour, Boule ne fut plus malheureux. Il était enfin sorti de cette sphère étroite
où il végétait avec tant de regret ; et la gloire,
cette gloire qu'il avait tant désirée, pour laquelle il avait tant souffert, était venue à lui.
Bientôt ce fut le tour de la fortune. Quand on
eut admiré à Versailles la beauté délicieuse, la
riche coquetterie de ses ouvrages, on ne voulut

plus avoir d'autres meubles que les siens. Les plus grands princes tinrent à honneur de posséder quelques-unes de ces productions enrichies de tous les gracieux accessoires que le talent de l'artiste savait enfanter, et auxquelles il ajoutait pour ornement des bronzes de la forme la plus sévère et du profil le plus pur. Boule jouit de sa réputation et de sa fortune pendant plus de cinquante ans. Il mourut à Paris en 1732.

Depuis un demi-siècle, l'ébénisterie abandonne le genre *grec,* dans lequel elle s'était lancée à la fin du XVIIIe siècle, pour en revenir à celui que Boule avait mis en vogue. Les expositions industrielles nous ont présenté, dans le genre de cet artiste célèbre, des meubles d'un goût parfait.

MM. Jacob Desmalter père et fils doivent être placés au premier rang parmi les ébénistes qui se sont fait un nom dans ces derniers temps. Les ameublements du Louvre, des Tuileries, des châteaux de Fontainebleau et de Compiègne, ont fait la réputation du père, qui, sous l'empire, n'occupait pas chez lui moins de mille ouvriers,

ébénistes, menuisiers, ciseleurs, fondeurs ou
doreurs. Son fils, qui s'était d'abord destiné à
l'architecture, a eu le noble orgueil de vouloir
continuer l'établissement qui avait illustré sa
famille ; les médailles d'or qu'il a obtenues à
plusieurs expositions font assez connaître que
ses efforts n'ont pas été vains. On cite surtout
de lui les ameublements des châteaux de Rosny,
de Neuilly, du Palais-Royal, et celui du nouvel
hôtel de ville de Paris, disparu dans l'incendie
allumé par des mains criminelles en 1871.

La fabrication des pianos occupe une place
importante dans l'ébénisterie. L'étude de cet
instrument pénètre chaque jour davantage dans
la classe moyenne. Sans avoir atteint encore
le point où est parvenue l'Allemagne, dont
on ne peut traverser le moindre village sans
entendre retentir le son du piano, les classes
moyennes, en France, rangent enfin cet instrument parmi les meubles nécessaires à l'agré-
ment et aux études du foyer domestique ; c'est
un des changements dans nos mœurs dont le
développement mérite d'être suivi et favorisé
avec le plus de sollicitude. De tous les beaux-

arts, il n'en est pas qui, plus que la musique, se prête aux mœurs de famille, et soit plus propre à les améliorer en même temps qu'à les embellir.

Le plus ancien essai de piano dont on conserve le souvenir est un clavecin à maillets inventé par un facteur de Paris nommé Marius, dans les premières années du xviie siècle. Cette invention fit alors peu de bruit, et son auteur ne parut pas avoir compris l'importance qu'elle pouvait avoir : il crut n'avoir fait qu'une modification du clavecin. Quelques années après, le Padouan Cristofori reproduisit la découverte de Marius avec quelques améliorations sous le nom de *cimballo martellato;* mais il ne fut guère plus heureux que son devancier : les artistes n'abandonnèrent point leur ancien instrument pour la nouveauté qui leur était offerte. En même temps que Cristofori, Amédée Schrœte, organiste de Nordhausen, en Prusse, travaillait à la construction d'un instrument à clavier dont les cordes étaient frappées par des marteaux; ce fut lui qui donna à cet instrument le nom de *piano-forte,* et l'honneur de l'invention lui est resté. Toutefois ce ne fut que vers le milieu du xviiie siècle que le nouvel instrument commença à être adopté par les artistes, après que Godefroy Silberman lui eut fait subir d'importantes améliorations. Silberman fut donc le premier qui mit des pianos dans le commerce. D'autres facteurs allemands établis en Angleterre se mirent aussi à en fabriquer. La France était réduite à ces instruments d'une construction lourde et coûteuse en même temps, qui lui arrivaient d'au delà du détroit, quand un mécanicien habile, Sébastien Érard, vint de Strasbourg à Paris jeter les premiers fondements de sa réputation en construisant de petits pianos à deux cordes, et ouvrir une carrière féconde pour de nombreuses familles dont la profession n'existait, pour ainsi dire, pas avant lui.

***

Sébastien Érard, né à Strasbourg en 1752, d'une famille honorable, mais peu fortunée, reçut de la nature la trempe d'esprit la plus originale et des habitudes sévères de travail. Destiné d'abord à l'architecture, il montra dans cette profession les plus heureuses dispositions; mais il était destiné à des succès plus brillants que ceux qu'il aurait sans doute obtenus dans l'exercice de cet art, et le malheur, qui souvent ne frappe l'homme que pour l'épurer et pour assurer son bonheur, vint le jeter dans une carrière qui d'abord paraissait plus modeste, et qui devait cependant lui valoir un brillant avenir.

Des revers de fortune le forcèrent de quitter son pays natal et de venir à Paris ; à l'âge de seize ans, il se plaça chez un facteur de clavecins, dont il ne tarda pas à devenir le meilleur ouvrier. Mais ce qui, auprès de tout autre maître, eût été certainement une recommandation, devint précisément pour le jeune Strasbourgeois une cause de disgrâce. Ne voulant laisser échapper aucune occasion de s'instruire, s'attachant à la moindre des choses qu'il ignorait, comme le géomètre à la solution d'un problème, il adressait sans cesse au fabricant de clavecins des questions auxquelles celui-ci n'était pas toujours en mesure de répondre ; aussi finit-il par se débarrasser d'un élève qui l'importunait : il le congédia en lui avouant qu'il n'avait rien à lui reprocher que son extrême curiosité.

Malgré la réserve de son maître, Érard n'avait pas perdu son temps ; il avait beaucoup travaillé et beaucoup appris. Un autre facteur, qui avait entendu parler de son talent, lui proposa d'exécuter un clavecin qui lui avait été commandé, et dont la construction exigeait d'autres connaissances que celles qui présidaient à la fabrication des clavecins ordinaires; mais, comme il est dans la destinée du génie naissant d'être toujours exploité par la médiocrité égoïste, le facteur stipula qu'il mettrait seul son nom sur l'instrument. Érard était dans une position à ne pas refuser. Il avait besoin de travailler et dut en passer par tout ce que voulait celui qui lui en fournissait l'occasion, Quand le clavecin fut achevé, le musicien qui l'avait commandé fut si étonné des résultats nouveaux que l'on avait obtenus, qu'il douta que le facteur qu'il en avait chargé en fût réellement l'auteur, et, pour s'en assurer, il lui adressa plusieurs questions auxquelles celui-ci ne put répondre que de la manière la plus embarrassée. Il finit par avouer que l'instrument avait été construit par un jeune homme nommé Érard.

Ce premier succès, et quelques autres qui le suivirent, accrurent rapidement la réputation d'Érard. Il n'avait encore que vingt-cinq ans, et déjà il était admis et recherché dans la société des personnes les plus distinguées. La duchesse de Villeroy, femme d'un esprit élevé, qui protégeait les arts parce qu'elle les aimait, voulut concourir aux progrès du jeune artiste. Depuis longtemps elle désirait avoir un piano;

mais, par un louable sentiment de patriotisme, .
elle voulut que ce fût un piano de fabrique
française. Elle demanda donc à son protégé s'il
se sentait assez de capacité pour satisfaire son
désir. Erard se chargea avec enthousiasme de
cette mission, qui répondait si bien à ses désirs
les plus ardents. En quelques mois, l'instrument fut achevé. Malgré la défiance qui accueillit d'abord ce premier piano français, l'artiste obtint l'éclatante récompense qui lui était
due; tous les hommes capables d'apprécier son
travail s'extasièrent devant un succès dont ils
avaient douté. On soumit le chef-d'œuvre
d'Érard à toutes sortes d'épreuves; on le com-
para avec les meilleurs produits des fabriques
étrangères; et, pour la qualité du son comme
sous tous les autres rapports, il fut constaté
que l'instrument du jeune facteur était supérieur à tout ce qu'on connaissait jusqu'alors.

A dater de ce jour, Érard fut adopté par la
mode, cette reine puissante de notre société
moderne, et chacun voulut avoir un piano
fabriqué par lui. Tel était l'engouement dont
il fut l'objet, qu'il excita la jalousie des lu-
thiers de Paris qui faisaient le commerce
des pianos étrangers. Ceux-ci le dénoncèrent
comme exerçant sa profession sans l'autorisation de leur communauté, et demandèrent

que son établissement naissant fût frappé d'interdit. Il fallut tout le bon sens et le patriotisme du lieutenant de police d'alors pour repousser cette prétention inique. Sans la fermeté du magistrat, le jeune artiste eût été contraint de porter en pays étranger son génie et les découvertes dont il devait encore doter la France.

Après cette manifestation favorable de l'autorité, à laquelle s'associa Louis XVI lui-même, Érard appela auprès de lui son frère Jean-Baptiste, et vit son établissement prendre de jour en jour un essor plus étendu. Ses pianos se répandirent non seulement en France, mais encore dans les Pays-Bas et dans toute l'Allemagne. Dans la seule année 1799, un commissionnaire de Hambourg en vendit plus de deux cents.

Nous ne décrirons pas ici les nombreux perfectionnements que l'habile artiste introduisit successivement dans la fabrication de son instrument de prédilection ; nous nous contenterons de citer l'amélioration qu'il imagina pour un piano qui lui avait été commandé par l'infortunée Marie-Antoinette.. Pour suppléer au peu d'étendue de la voix de la reine, il parvint à rendre mobile le clavier de l'instrument, au moyen d'une clef qu'il faisait monter ou descendre à volonté d'un demi-ton, d'un ton ou d'un ton et demi. Ce fut aussi pour cet instrument qu'il fit le premier essai de l'orgue expressif, découverte ingénieuse, que le grand Grétry, dans son enthousiasme, appelait la *pierre philosophale de la musique.*

Malgré tous ces perfectionnements, Érard n'était point encore parvenu à l'apogée de son talent. La belle et difficile invention de la harpe à double mouvement vint bientôt ajouter un nouveau fleuron à sa couronne d'artiste. C'est à lui que ce noble et suave instrument est redevable de ses vibrations harmonieuses, de son charme mélancolique et de ses angéliques accords. Par un caprice inexplicable de la mode, la harpe, dont Érard a si heureusement étendu le champ musical, est aujourd'hui presque abandonnée; à tort ou à raison, les chanteurs prétendent que la voix vibre davantage avec l'accompagnement du piano; mais cet abandon ne saurait porter aucune atteinte à la gloire d'Érard. Sa harpe à double mouvement fut adoptée avec fureur à Londres, où dès 1815 il avait fondé, sans renoncer à sa qualité de Français, dont il était fier, un établissement florissant.

En 1823 parut le dernier et le plus beau travail de Sébastien Érard, son grand piano à

double échappement, qui mit le sceau à sa réputation. A chaque exposition des produits de
l'industrie nationale, les ouvrages de ce grand
artiste avaient obtenu la médaille d'or. Après
cette honorable distinction, le gouvernement,
voulant reconnaître le service qu'il avait rendu
à la France en l'affranchissant du tribut
qu'elle payait aux étrangers pour les pianos,
le décora de la croix de la Légion d'honneur,
récompense qui jusqu'alors n'avait été accordée à aucun fabricant d'instruments de
musique.

Sébastien Érard employa les dernières années de sa vie à confectionner pour la chapelle
des Tuileries un grand orgue expressif, que de
nombreux amateurs furent admis à entendre
dans ses salons, et dont ils purent apprécier
la suavité et la majesté. On était occupé à mettre
cet instrument en place, lorsque éclata la révolution de 1830. Dans le premier moment de
l'occupation du château, ce beau travail fut
impitoyablement brisé par la tourbe ignorante
qui se faisait une gloire de dévaster la somp-
tueuse demeure de la royauté. Cet acte de
vandalisme causa à Érard la douleur la plus
profonde. L'artiste affligé n'eut pas le temps
de recommencer son chef-d'œuvre. Depuis
longtemps il était travaillé d'une maladie dou-

loureuse; la catastrophe que nous venons de rapporter acheva de détruire une santé déjà chancelante. Il mourut le 5 août 1831, dans sa jolie villa de la Muette, près de Paris, dont son goût éclairé avait fait une sorte d'asile des arts en y réunissant à grands frais une foule de tableaux des écoles anciennes et modernes.

Érard possédait à un haut degré toutes les qualités sociales, et cette bonhomie cordiale qui caractérise les habitants de l'Alsace. Aussi, en descendant dans la tombe, emporta-t-il les sincères regrets de tous ceux qui avaient vécu dans son intimité. Ses ouvriers surtout le pleurèrent sincèrement, et rendirent à sa mémoire un solennel et touchant hommage. Au moyen d'une souscription spontanément ouverte entre eux, son buste fut exécuté et placé sur sa tombe. Le jour de l'inauguration de ce pieux monument, élevé par l'affection et la reconnaissance, fut une véritable fête de famille. Cette démonstration n'étonnera pas quand on saura que ce grand artiste était adoré de tous ceux auxquels il donnait de l'ouvrage; qu'il surveillait leurs travaux avec une sollicitude toute paternelle, se réjouissait de leurs progrès, les encourageait, les consolait dans leurs peines, et qu'il les aidait non pas seulement de ses conseils dans les moments difficiles, mais encore de sa bourse, qui leur était toujours ouverte. N'oublions pas non plus de mentionnner ici qu'Érard eut l'honneur d'être célébré par le poète Delille. Voici les vers que celui-ci fit à l'époque où la gloire d'Érard commençait à poindre:

> Vainqueur mélodieux des antiques merveilles,
> Quels accents tout à coup ont frappé mes oreilles!
> J'entends, je reconnais ces chefs-d'œuvre de l'art,
> Trésor de l'harmonie et la gloire d'Érard!

———

JEAN-HENRI PAPE a parcouru la même carrière qu'Érard, avec non moins de succès. Né en 1789 de parents pauvres, dans le Hanovre, il venait de terminer son apprentissage chez un menuisier, lorsqu'il s'expatria pour échapper à l'obligation du service militaire. Après avoir travaillé comme ouvrier chez Ignace Pleyel, à Paris, il alla en Angleterre se perfectionner dans l'art du luthier. Pape revint en France pour mettre à exécution un système nouveau qu'il avait conçu : dans les pianos de sa composition, les marteaux, au lieu de se trouver au-dessous des cordes, sont placés en dessus, et les frappent du haut en bas. Les instruments qu'il fabriqua d'après ce mode furent bientôt appréciés pour leurs précieuses qualités, et les diverses expositions qui se sont succédé depuis ont sans cesse fait constater les nouveaux progrès de l'habile facteur. Pape s'est aussi attaché avec succès à changer et à réduire la forme des pianos. Il y est parvenu sans altérer en rien le mérite des instruments.

FIN

TABLE

DES CHAPITRES CONTENUS DANS CE VOLUME

TABLE ALPHABÉTIQUE

DES NOMS MENTIONNÉS DANS CET OUVRAGE

19241. — Tours, impr. Mame.

www.ingramcontent.com/pod-product-compliance
Lightning Source LLC
LaVergne TN
LVHW021538170726
843501LV00004B/1106